# 実行力100%

## チェーンストアの業績を上げる業務指示のすごい手法

株式会社リンコム代表取締役社長
野村剛志

ダイヤモンド社

はじめに

# 「実行力」との出会い

今から8年前、店舗数1000店舗を超えるチェーンストア企業の企画課の方から「本部店舗間の情報共有」を行いたいというお問い合わせを頂きました。

その頃、私は(株)リンコムで、企業内における情報共有を行うグループウェアというシステムの営業を行っていました。そのため、このお話を頂いたときは、情報共有ならお手のものであり、更にビッグユーザーでもあるため、準備に準備を重ね意気揚々として営業に伺いました。予定よりも30分前には到着し、近くの喫茶店で、今日の商談の段取りを確認したほどです。

担当の方と名刺交換を行い、弊社のグループウェア製品の説明を開始し、3分もたたないと思われるときに、まさに事件が起きたのです。

先方の担当の方から「グループウェアなら持っているよ！」という、提案がひっくり返る衝撃的な発言を頂きました。

正直、この商談は終わったと思いました。営業人生、最短の商談です。

しかし、3分で帰るのも気が引けたので、「情報共有を行いたいのですよね？」と聞き返したところ、次のような回答が返ってきました。

「情報共有ではない。情報を共有しても何も実行されない！」

「本部の社員は、グループウェアに指示を書きこむことが仕事になってしまっていて、それで終わり。指示が実行されているかまで責任を感じていない」

「店舗スタッフは、グループウェアなんて、使わない。あんなにボタンが多く、複雑なものは使えないよ！　だから業務指示なんて読まれない」

「その結果、業務指示が全く実行されていない」

「実行されないから業績も上がらない」

「これが、課題だ！」

この回答は、私はもちろん、私の会社の方向性をも変えるターニングポイントになりました。このお客様とお付き合いさせて頂くまで、「実行する」ということの大切さに全く気付いていませんでした。情報が共有さえされていれば、自然と実行されるだろうというくらいの認識しか持っていませんでした。

色々と調べてみるとチェーンストア企業において、本部から出される業務指示が、店舗で実行されている割合は40％程度しかないということも分かってきました。

それからチェーンストア企業の実行力を向上させるためのお手伝いがわが社のミッションになり、「店番長《みせばんちょう》」というクラウドサービスへと繋がっています。

このサービスを通じて、多くのチェーンストア企業の方とお付き合いさせて頂くようになりました。そして、チェーンストア企業の実行力向上のお手伝いをした経験は、本当に新しい発見の連続でもありました。

・業績は、実行力と密接な関係がある
・日本の店舗スタッフは世界一実行力が高く、優秀である
・店舗の実行力は、本部の実行力より高くはならない
・実行力は、仕組みで必ず上がる

これらの発見は、特定のチェーンストア企業に限った話ではありません。どのチェーンストア企業にも当てはまるものです。

昨今は、コロナウイルス感染拡大、Amazonなどの E C サイトによる影響、人手不足問題などで、チェーンストア企業の将来性に懐疑的な声も出ています。しかし、店舗スタッフが優秀であるということ、仕組みを変えるだけ実行力が向上するということを考えますと、チェーンストア企業の将来はとても明るいのではないかと思えてきます。

良い面ばかりでなく、残念な面も見えてきました。

多くのチェーンストア企業の方とお会いしていると、店舗の実行力に対する認識がまだまだ低く、重要性が理解できていないということです。

流石に経営者の方は、実行力の大切さを強く理解されていますが、実際に店舗に指示を出される現場で働かれている方には、理解はしているが、どうせ無理だというあきらめ感であったり、他の業務改善に比べ優先度が低いと思われていたりする方が多いように思います。実際に実行力にフォーカスして良い会社にしていこうとするには、大きな覚悟が必要なようです。

新しい施策を考え大号令のもと変革を叫ぶがなかなか根付かない。こういう企業は、実行力に根本的な問題があるのではないでしょうか。実行力は、会社の土台であり、永遠のテーマでもあります。だからこそ、常に実行力の向上に取り組むことが必要だと思います。

本書では、なんとか実行力を向上させ、業績を伸ばしたい、良い会社にしたいが、やり方が分からない、勇気がもう一歩湧かないというかたに参考にして頂ければと思い、書き上げたものです。できるだけ具体的な施策を記させて頂いたつもりです。

実をいうと、単に実行力を上げるだけでしたら企業のトップが目を光らせ、毎日、口うるさく「実行しろ」と言えば、上がることは上がります。

しかし、これは健全な方法ではありません。このトップが気を緩めたり、外れたりした場合、元の低い実行力に戻ってしまいます。

そうならないためには、人に頼るのではなく、仕組み化することです。仕組み化すれば、企業の文化として根付かせることもできるのです。

# 実行力100% 目次

## 第2章 あるべき姿 43



## 第3章 原因 61

## 第4章　実行力を向上させるための8つの仕組み

## 第5章 実行力100%プロジェクト 121

# 第1章

# 実行力とはなにか？

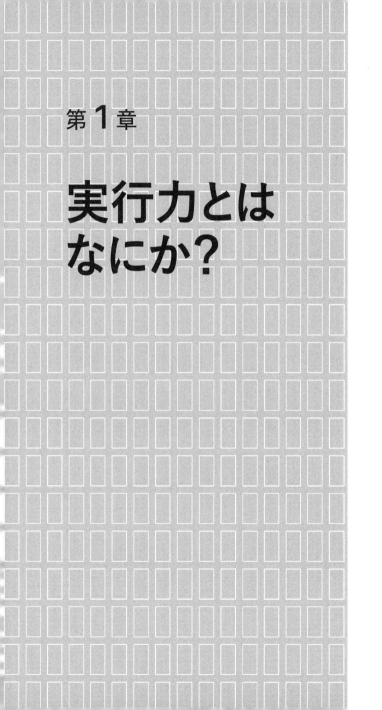

## 新型コロナウイルス感染症による教訓

2020年の新型コロナウイルス感染症（以下、コロナ）による世界的なパニックは、この先、世代を超えて語り継がれていくと思われるほど世の中を大きく変えてしまいました。日本におけるコロナ関連の主な出来事を振り返ってみましょう。

1月　日本国内で初の感染者確認
2月　乗客の感染が確認されたクルーズ船が横浜港に入港
　　　国内で初めて感染者の死亡が確認
　　　北海道知事、独自に緊急事態宣言を発令
3月　全国のすべての小中高校が臨時休校
　　　東京都知事、都市封鎖（ロックダウン）について言及
　　　東京五輪・パラリンピックの延期発表
4月　政府、緊急事態宣言発令

5月　政府、緊急事態宣言解除
6月　東京アラート初の呼びかけ
7月　ＧｏＴｏトラベルキャンペーン開始

どれも強烈な印象で記憶に残っていますが、これらの出来事を経て、人々は感染を恐れ、感染地域への移動、又は感染地域からの移動を嫌い、３密（密閉、密集、密接）を避けるようになり、行動様式も激変しました。

〈コロナによる行動様式の変化〉
・マスクをするようになった
・旅行や出張をしなくなった
・出社を減らしリモートで仕事をするようになった
・満員電車を避け時差通勤をするようになった
・会食、外食をしなくなった

・近場で買い物をするようになった

国内の経済に目を向けると、とてもショッキングなデータが発表されました。２０２０年４〜６月期の国内総生産（ＧＤＰ）は、年率換算で27・８％減り、これはリーマン・ショック後の２００９年１〜３月期の年率17・８％減を超える戦後最大の落ち込みとなったとのことです。

さて、ここで言いたいのは、これらの変化を２０１９年の年末時点で予見できた人は、どれだけいたでしょうか？　大多数の人は、２０２０年１月の時点でも対岸の火事と思われていたのではないかと思います。

誤解しないでください。決して、予見できなかったことが悪いと言いたいわけではありません。そもそも予見などできませんし、予見できていたらこれほど大きなパニックは起こりません。

コロナの教訓として学ぶべきは、世の中は予見できないことが突然起こるということです。そして、企業としては、予見できないような突然の変化にも、真正面から対峙し、試行錯誤しつつ適応して生きていかなければならないということです。

## 実行力のある企業しか生き残れない

特にコンシューマーをお客様としているチェーンストア企業は、世の中の変化に適応していくことがビジネスの要です。今回のコロナは、業種によっては企業の生死を左右する衝撃をもっており、それでなくとも業績に大きく影響するため、各社いろいろと適応するためのアイデアを考えられています。

**〈コロナ禍での適応アイデア〉**

・お店の入り口に消毒液を設置する
・従業員やスタッフのマスク着用、手洗いうがい、検温を徹底する
・レジ前、テーブルには飛沫防止の仕切りを設ける
・人が接触するもの（テーブル、ドアノブ、ボタンなど）を小まめに消毒する
・セルフレジ、電子決済システムを導入する
・デリバリー、テイクアウトなどの新しい業態にチャレンジする

・新商品を開発する
・ＥＣサイトを強化する
・従来よりも少ない売上で利益が出るよう店舗やオペレーションの設計を見直す
・リモートでも仕事ができるようにＷｅｂ会議や電子承認システムを導入する
・雇用調整助成金などを使い社員の雇用を維持する
・銀行などから資金調達する

そして、これらの適応アイデアはどれも徹底的に実行されなければなりません。飲食店であれば、コロナ前に比べ、店員や店舗内の感染予防対策は、お客様にとって当然気になるポイントです。お客様が入れ替わる際の消毒作業など、中途半端な感染予防対策では、客足は戻ってこないどころか、遠のいてしまいます。

コロナ禍でも比較的好調なスーパーであっても気を抜けません。緊急事態宣言の時にスーパーからパスタや小麦が品切れになったことがありますが、これなどはある程度予測できたものであり、在庫を十分確保しておかなければならないものです。

これらの問題発生の多くは、頭では分かっているが、徹底して実行できていなかったということだと思います。

また、コロナのような100年に1度の危機にあった際、なにか一発で危機を乗り越える天才的なアイデアを求めがちですが、求めても浮かぶものではありません。仮に天才的なアイデアが浮かんだとしても実行しなければ結果はでません。

前述のアイデアを見てもわかるように、どこの企業でも考えられるアイデアはほぼ同じです。しかし、このアイデアを徹底して実行できるかで、企業の業績がV字回復できるのか、回復できずじり貧に陥ってしまうのか、決まってしまいます。

つまり、危機のときであればあるほど、当たり前のことを徹底できる実行力が企業の生死を左右する重要な要素になるのではないでしょうか。

## 経営における実行とはなにか？

実行とは何かを考えてみますと、まず、思いつくのは「遂行する力」「計画通り成し遂げる力」です。

実行力について、色々と学ぶ中で、『経営は実行（日本経済新聞出版社）』という本に出合いました。この本は、株式会社ファーストリテイリングの柳井正会長も推薦されるほど、実行についてとても良くまとめられた名著で、私もとても参考にさせて頂いています。

この本によると、実行とは何かを理解するうえで、念頭においておくべき3つの視点を上げられています。経営における実行を良くまとめられていますので、私なりの解釈を含めご紹介したいと思います。

### 1　実行とは体系的なプロセスであり、戦略に不可欠なものである

〝体系的なプロセス〟という言葉が今一つ分かりづらいのですが、〝仕組み化〟とおきかえて解釈すると、しっくりくるかと思います。つまり、実行とは仕組み化したルールをもとに実践すること

であり、戦略に不可欠なものということです。

仕組み化とは、誰でも同じ結果を出せるように、ルールと基準を定めるということです。

例えば、本部から店舗への業務指示であれば、業務指示はメールで出しましょうというのがルールで、業務指示は1日3通までというのが基準になります。

この様にルールと基準を定めることにより、FAXで業務指示を出すことはルール違反だなとか、今日は既に3通の業務指示が出ているので、もう出してはいけないなと言ったことが誰にでも判断できるようになります。

仕組み化するということは、会社の運営ノウハウそのものであり、仕組み化を続けるということは会社にノウハウが溜まっていくということになります。

また、仕組み化することで、社員教育もできるようになります。仕組み化されていないものは教えることができません。

そして、作成した仕組みを定期的に見直し、改善を行えば、会社が成長することになり、正に戦略そのものです。

## 2　実行とはリーダーの最大の仕事である

これは、リーダー自身がなんでも実行するということではなく、組織としての実行力を上げる役割、責任はリーダーにあり、実行に対し関心を持つ必要があるということです。

残念なことですが、実行することの重要性は理解しているが、関心が薄いリーダーが多いのも事実です。

我々が支援させて頂いている企業でも、リーダーが率先して関わっている企業と、そうでない企業では、前者の方が確実に実行力を上げることができます。やはりリーダーの関与というものは大きな力を持っているもので、この見えざる力を最大限利用して欲しいと思います。

## 3　実行とは企業文化の中核であるべきものである

実行は、課題感をもって取り組めば必ず高まるものですが、気を緩めるとすぐに下がってしまいます。その為、常に実行力を高める活動を続けなければいけません。

企業には、言葉にできない企業文化というものがあります。私も多くの企業に訪問させて頂いていますが、その企業に足を踏み入れた瞬間、とても明るい企業だな、厳しそうな企業だな、ちょっといい加減そうな企業だな、等々、色々と伝わってくるものがあります。それは、応対して頂いた社員の方の雰囲気や、オフィスに貼られている貼り紙、備品類の整理整頓など、あらゆるものから総合的に感じられるものです。

トヨタ自動車の工場を見学させて頂いたときには、実行力の強さを強烈に感じたのを覚えていますが、これは、日々の積み重ねがトヨタ自動車の歴史となり、更に企業文化にまで昇華させた結果ではないかと思います。

以上の3つの視点を見ると、実行とは「仕組み」を作り、それをリーダーが率先し、企業文化として継続させる取り組みであります。実行とは、斯くも奥が深く企業経営にとって重要なものです。

## チェーンストアで最も重要な店舗の実行力

「凡事徹底：平凡を非凡に努める」とはイエローハットの鍵山秀三郎様の言葉ですが、実行力の重要性を表した言葉だと思います。凡事、つまり誰でもできる簡単なことを徹底して積み重ねていくことが、企業の実行力を付けていく唯一の方法だと思います。しかし、これは「言うは易く行うは難し」であります。

チェーンストア企業には多種多様な業務があります、それぞれに実行力が必要になってきます。例えば、本部から店舗に出された業務指示に対する実行力、自社製品の開発に対する実行力、キャンペーンなどの企画に対する実行力、店舗スタッフの接客に対する実行力、エリアマネージャーの店舗巡回の実行力、バイヤーの仕入れ商品に対する実行力など、本当に多くの業務があります。これら全ての業務において一度に実行力を高めていくのは、本当に至難の業です。

その為、業務変革をする際の鉄則である、最も効果が出やすく重要な業務領域から手を付けていくことから考えてみたいと思います。

チェーンストア企業において、効果が出やすく重要な業務というと、店舗業務になります。チェーンストア企業において売上を上げるのは、あくまでも店舗だからです。

チェーンストア企業特有の特徴として、本部と店舗が物理的に離れていて、本部が戦略を立案し、店舗が実行するという役割分担になっています。その為、本部が決めた戦略に対する店舗の実行力が重要になってきます。そして、本部の戦略は業務指示というかたちで、店舗に配信されますが、この業務指示に対する店舗の実行力については、今まで体系的に改善が行われてこなかった手つかずの領域であり、店舗業務のなかでも最も効果が出やすく重要な業務領域に当てはまるのではないかと思います。

以上から本書では、多くのチェーンストア企業にとって最も効果が出やすく重要と思われる本部-店舗間の業務指示に対する実行力についてお話ししていきたいと思います。以降、この本で実行力について話をしているときは、本部-店舗間における業務指示に対するものとお考え下さい。

さてまずは、本部から店舗に出されている業務指示の実行力の現状について見ていきたいと思います。

## 業務指示は40％しか実行されていない

チェーンストア企業では、日々、本部から店舗宛に業務指示が出されています。業務指示は、商品に関するものや、接客、店舗オペレーション、4S、衛生管理、クレーム対応、キャンペーンなど、多岐にわたります。定期的に出される業務指示、不特定に出される業務指示、緊急な業務指示などもあります。

業務指示は、商品部、営業部、企画部、マーケティング部、総務部、経理部など、本部の色々な部署から配信されています。件数としては、企業によってバラバラですが、1店舗に対し1日5件から、多いところでは20件以上も出ています。

これらの業務指示は、メール、グループウェア、メッセージングアプリ（SNS）、FAX、電話などのツールを使い、本部から店舗に出されています。

では、業務指示の現状について、より具体的なイメージを掴んで頂くため、ある飲食チェーン店における業務指示の例をご紹介したいと思います。

この飲食チェーン店は、関東圏に１００店舗ほど展開するラーメン店とします。

梅雨の季節が近づくと、飲食チェーン店では食中毒の危険性が増すため、本部の衛生管理部では、調理器具の消毒を徹底したいと考えています。

衛生管理部の田中さんは、Microsoft の PowerPoint を使い、包丁、まな板、冷蔵庫、キッチン周りにおける消毒の仕方を、誰が見ても分かるようにドキュメントにまとめました。

重要な点は、赤色の太字にしたり、消毒の仕方を写真で掲載したり、工夫を重ね3時間ほどかけて完成させた力作です。

田中さんは、メールの新規作成画面を開き、タイトル欄に「【重要】梅雨時の食中毒対策について」と記入し、宛先に全店舗に配信できるメーリングリストのメールアドレスを指定し、調理器具の消毒方法をまとめたドキュメントを添付、本文には、各店舗に調理器具の消毒を徹底するようお願い文を記入し、送信しました。

田中さんは、任務を完了しほっと一息ついて、次の仕事に取り掛かりました。


本部では、PowerPointなのかWordなのか、メールなのかグループウェアなのか、多少の違いはあるかと思いますが、この様な感じで業務指示を店舗に出しています。

さて、店舗ではこの田中さんからのメールに対し、どの様な行動をとっているか見てみたいと思います。


浅草店の店長渡辺さんは、昼時のピーク時間が過ぎ、店舗のバックヤードにあるスタッフルームでパソコンを確認しています。そこに、衛生管理部の田中さんから送られた「【重要】梅雨時の食中毒対策について」というタイトルのメールに気づき、メールを確認しました。

添付されているドキュメントを開き、これは、店舗スタッフ、特に調理担当には周知しないといけないと思い、ドキュメントをプリンターで印刷しました。

印刷されたドキュメントは、「必ず守ること!!」という一文を添え、スタッフルームの壁に貼り付けておきました。

他にもいろいろなメールが届いているので、それぞれ対応していると、夕方のピーク時間帯になってしまったので、渡辺店長は急いでスタッフルームを出ていきました。


以上が、多くのチェーンストア企業で見られる一般的な光景ではないでしょうか。

この普段何気なく行われている業務指示のやり取りの問題点については、のちのち詳しく説明させて頂きますが、本部は業務指示を出して終わり、店舗内でも業務指示の重要性は把握できているものの担当者へきちんと通知できていないなど、この結果、本部から出された業務指示に対する店舗での実行率は、一般的に40％程度と言われています。これは、私たちの調査でも同じ状況であることが分かっています。とても残念なことですが、こんなにも実行力が低いのです。

実行率40％ということは、店舗毎に実行力が高い低いが存在し、かつ業務指示においても実行されるものと実行されないものがあるといった状態です。つまり、実行されている業務指示はバラバラということです。

ある企業の店長の話では、実行するか実行しないかは、業務指示の出し手（メールであれば送信者名）を見て、決めているとのことでした。露骨な言い方をすれば、実行しないと怒る出し手の場合は、実行するが、そうでない場合は実行しないそうです。誰が業務指示を出すかにより、ある程度重要度が分かるのかもしれませんが、この現象はあまり好ましい状況ではありません。

## こんな現象がある場合は、要注意

業務指示に対する実行率がどのくらいかと言われても、自社がどのくらいの実行率か、たいていの企業は分からないと思います。そこで、実行力が低い企業における現象をリストアップしてみましたので、もし、この現象が自社に当てはまるようであれば、十分改善の余地があると思って頂いて良いと思います。

・業務指示が店舗で実行されていないときがよくある
・業務指示に対する店舗の実行状況が把握できていない

・店舗が増え、エリアも広がってしまったので、今までのようには店舗状況が分からない
・電話やメールで店舗に何度も催促することがある
・店舗清掃など当たり前の業務が正しく実行されていないときがある
・業務指示が複数のツール（メール、メッセージングアプリ（ＳＮＳ）、掲示板など）で配信されている
・業務指示のフォーマットが決まっておらず、書き方がバラバラ
・店舗毎に独自のオペレーションルールが存在する
・業務指示の数が多すぎると思っている
・緊急の業務指示が多く、店舗スタッフの負担になっている
・業務指示が実行されないのは店舗の問題として片づけられている
・店舗からの問い合わせに対し、本部が対応できていないときがある
・誰がどんな業務指示を店舗に出しているか分からない

これらは、私たちが実行力向上の支援をさせて頂く際に、よく相談される現象です。この様な現

象がみられるようであれば、自社においても何らかの改善が必要であると思って頂いて良いと思います。

では、実行力の低さが、具体的にどう経営に影響を与えているのか見ていきたいと思います。

## 凡事が実行されないことによる経営への影響

清掃、あいさつ、きちんとした身だしなみ、売り場に商品がなくならないようにする、手洗い・うがいなど、店舗業務は凡事の積み重ねです。

凡事とは、当たり前のことです。１００％実行されていて当たり前です。当たり前すぎて、あまり重要視されませんが、業績の良い企業ほど、凡事を徹底して実行しています。それは、凡事を実行することによる影響を、良く知っているからだと思います。

凡事は、実際、一度やそこら実行しなくとも店舗は普段同様営業できてしまいます。売上にも影響は出ません。これが、とても怖いことなのです。普段通り営業ができてしまうため、一度やそこらが積み重なり、いつしか凡事を実行しないことが店舗の当たり前になってしまうのです。

恐らく、ここまで来ても、まだ売上などの業績にはなかなか表れないかもしれません。

しかし、この時点で次のような状況が水面下で進行しています。

・店舗スタッフの規律が低下してくる
・店舗スタッフのモチベーションが低下してくる
・サービス品質が低下してくる
・店舗のいたるところで汚れや不備が目立ってくる

ここまでくると、お客様は店舗の様子がおかしいことに気づかれます。そして、今はSNSを通じて、店舗に対する風評が一気に拡散しますので、あるときドーンと売上に影響が出てしまいます。

店舗の売上が落ちてきたら、店舗の掃除をしなさいというのは昔から言われていることですが、今は、それでは遅すぎるのかもしれません。売上が落ちてきたときには、もっとも重要なブランドそのものに傷がついてしまっている可能性があります。その為、V字回復するには、よほどの改革が必要になります。

SNSの普及によりバイトテロと呼ばれる不祥事が多く発生しています。1回のバイトテロによって、店舗が潰れてしまったりもしています。バイトテロを起こすようなスタッフを採用してしまった採用ミスや指導不足など、色々な原因も考えられますが、店舗内における規律の低下も原因の一つではないかと思います。

以上のことは、ハインリッヒの法則に似ていると思います。
ハインリッヒの法則を知らない方でも、ヒヤリハットという言葉は聞いたことがあると思います。
ハインリッヒの法則とは、航空機墜落のような重大事故の前には29件の軽微な事故・災害があり、その前には300件のヒヤリハット（事故には至らなかったもののヒヤリとした、ハッとした出来事）があるというものです。

店舗運営をしていれば、ヒヤリハットにあたる出来事がよく発生しているのではないでしょうか。

・賞味期限切れの食品が陳列されたままになっていた。
・店舗の入口が雨で濡れていてお客様が足を滑らせた。
・調理器具の電源を消さずに帰ってしまった。
・子供の目の高さにディスプレイの角が出ていた。
・商品をとったら他の商品が雪崩れ落ちてきた。
・広告の値段と違った値札が貼られていた。
・冷蔵庫の温度設定が間違っていた。
・害虫（ゴキブリ、ハエなど）が出た。
・電話で催促しないと実行されない。
・本部で決めたことが店舗スタッフに伝わっていない。
・店舗ごとにレイアウトがバラバラ。

これらのヒヤリハット（＝凡事が実行されない）を見過ごしていると、いつか重大事故（＝ブランドの失墜）につながってしまうということです。

凡事は、一度くらい実行しなくても、何も変化しませんが、経営にとってはとても危険なことへの始まりであります。

## 店舗が本来の価値を取り戻せば逆境を跳ね返せる

業務指示の実行率が40％という現状も、実行力が低いと経営に悪影響を及ぼすということも分かりました。では、どう解決していくのか知りたいと思いますが、その前にチェーンストア企業を取り巻く環境についても、触れておかなければいけないかと思います。

やはり、チェーンストア企業を取り巻く環境は、正直、厳しいものがあります。

特に日本国内の場合、人口の減少により市場規模自体が縮小していきます。ビジネスをしていく上では非常に難しい環境にあるということです。人口の減少は、2010年から始まっており、2010年では1億2806万人、2020年では1億2714万人と推移し、内閣府の発表によると2048年には1億人を割ってしまう予測が出されています。

例えるなら逆流のなかを泳いでいくイメージです。

コロナ禍で、人手不足問題は一旦騒がれなくなりましたが、コロナが収束すれば再燃する可能性があります。日本は、人口減少と少子高齢化が進むため、基本的に人手不足は年々深刻さを増していきます。人手不足により、店舗数を増やせない、店舗スタッフのシフトが組めない、人件費が高騰するなど、チェーンストア経営にとって、これも大きなマイナス要因です。

異業種からの参入も見過ごせません。Amazonに代表されるECサイトの成長により、小売業は脅かされています。米国では、小売り大手のシアーズ・ホールディングスなど名門企業が経営破綻、ファストファッション大手のフォーエバー21が日本の民事再生法にあたる連邦破産法11条の適用を申請しました。UBSレポートによると、2026年までに、アメリカの小売店、75000店舗が閉鎖すると予測されています。もともとオーバーストアだったこともあると思いますが、Amazonによる影響（Amazonエフェクト）も大きいと思います。

異常気象も店舗運営にとっては脅威です。台風により店舗が床上浸水、2019年の台風15号、19号では、千葉県で大規模な停電が発生しました。こうなると店舗を開けることもできず、また店舗を開けられたとしても、商品を運ぶ道路が規制されているため商品が届かないという事態になってしまいます。

災害大国日本と呼ばれますが、近年、異常気象による被害も大きくなってきていますので心配です。

しかし、店舗そのものが不要になってきたということではありません。店舗の重要性は、今でも非常に大きなものがあります。いや以前よりもその重要性が見直されつつあります。店舗では商品を手にでき、その商品をすぐに買えるというメリットがあります。今まで世になかった新商品などを紹介する場合、Ｗｅｂより店舗のほうが確実に知って頂けます。店舗であれば、ぶらっと立ち寄って新商品に気づくことができますが、Ｗｅｂは、その新商品のキーワードが特定できていないと探せないためです。

さらに心地よい接客で購買意欲が増す可能性も高くあります。先にあげたAmazonがリアル店舗であるAmazon Goを作ったり、ホールフーズ・マーケットを買収したりしたことは、この重要性に気づいたからにほかなりません。

つまり、チェーンストア企業を取り巻く環境はとても変化してきて従来のやり方では生き残れなくなっていますが、店舗の持つ本来の価値を高められれば競争力のある企業になれると思います。店舗の持つ価値を最大限引き出すことは、店舗スタッフの能力を最大限発揮してもらうこととイコールで、その為本部－店舗間の情報のやり取りがスムーズに行われるようにし、実行力を高めることが必要条件になってきていると思います。

# 第2章

# あるべき姿

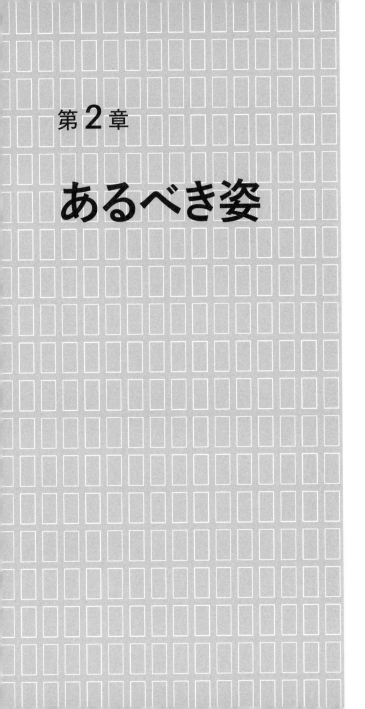

前章では、チェーンストア企業の本部－店舗間における業務指示の現状についてお話しさせて頂きました。業務指示の現実は、40％程度しか実行されていないということです。

この章では、実行力のあるべき姿についてお話しさせて頂きたいと思います。あるべき姿を理解しておくことで、自社における現状の課題を具体的にイメージできるようになり、実行力に対する認識を高められます。

## 実行力と業績（店舗売上）との関係

既に気づかれている方もいると思いますが、なぜ、「実行力」が重要なのでしょうか？

恐らく、実行力についてよく考えたことが無い方が多いと思いますので、この機会に色々と考えてみてください。

私の答えは、「実行力が業績と密接につながっているから」ということになります。

実行力と業績が密接につながっていると言っても、ピンとこない方もいるかと思いますので、いくつか例を挙げてみたいと思います。

例えば、スーパーでひな祭りキャンペーンを開催するとします。本部では、数カ月前からキャンペーン用の商品、価格、お店のレイアウトなど練りに練って戦略を作りました。キャンペーンに合わせチラシも作り、既に近隣に配布しました。チラシには、3月3日午前10時からの特売情報がデカデカと掲載されています。

ひな祭り当日の店舗では、本部で作成された戦略をもとに、担当の店舗スタッフが売場作りを開始するのですが、午前10時になっても準備が整っていません。キャンペーン用ののれんが本部から届いているのですが、そののれんも立てかけられていません。

そんなとき、チラシを見たお客様が来店されました。しかし、どこでキャンペーン用の特売が行われているのかわからず、立ち去ってしまいました。

このエピソードにおける実行力とは、3月3日午前10時までにひな祭りキャンペーンの準備を戦略通りに整えることです。準備が整わなかった結果、数名のお客様が立ち去ってしまったとしたら損失が発生（業績に影響）したことになります。

ある飲食チェーン店では、衛生管理としてドリンクバーにおいてあるアイスディスペンサーのノズル部分の清掃を、閉店後に行う決まりになっていました。しかし、清掃担当になっていたアルバイトのA君は、閉店間際の接客が忙しく疲れていたので、1日くらい清掃しなくても汚れないと思い、清掃せずに帰ってしまいました。

次の日は、B君がアイスディスペンサーの清掃担当ですが、A君同様、1日くらい清掃しなくても問題ないと思い、清掃せずに帰ってしまいました。

このちょっとした出来事が続き、1週間、2週間と過ぎていくと、あるタイミングでお客様はアイスディスペンサーの汚れに気づかれます。以前来たときは、きれいだったのに、ずいぶん汚くなったなと感じます。そして、お客様はこの店舗から足が遠のいてしまいます。

お店の店員としては、毎日見ているはずですが、徐々に汚れが進んでいるため状況に鈍感になってしまい、お客様ほどのインパクトを感じられないものです。

このエピソードにおける実行力とは、アイスディスペンサーを毎日閉店後に清掃するということになります。この清掃を怠った結果、お客様が去って行ってしまい、売上の低下やブランドの失墜を招いてしまいました。

この様に、店舗業務のあらゆるシーンにおいて実行力が必要になり、その実行力が発揮できなかったために業績に影響が出てしまうものなのです。

2つの例、実行すべき内容はどちらも複雑な業務ではありませんが、よくある出来事ではないでしょうか。

言い方を変えると、この様な簡単な実行の積み重ねが、業績になっているのです。

チェーンストア業界のなかで、実行力が高い企業として名前が上がる企業にセブン・イレブンがあります。今、どのコンビニに行ってもおにぎりがあり、おでんがあり、総菜があり、店舗の構造も似たり寄ったりです。しかし、セブン・イレブンと2位のコンビニ企業の店舗における日販を調べると、10万円以上も差があると言われています。この差こそが実行力の差ではないかと私は思っています。

## 業績は、戦略×実行力

実行力は業績と密接に関係している。これを、式にすると、

業績 ＝ 戦略 × 実行力

となります。この式は、とても示唆に富んだもので、たとえ優れた戦略を考えても、実行力が伴わなければ、業績もそこそこにしかならないということを表しています。

例えば、100点の戦略であっても、実行力が40%であれば、業績は40。

しかし、60点の戦略であっても、実行力が100%であれば、業績は60になります。


完璧な戦略を作る前に、実行したほうが良いというのは、この式からも言えます。

そもそも、変化の速い今の時代100点の戦略を作ろうと思い時間をかけていると、その戦略自体が陳腐化しかねません。石橋をたたいて、石橋を壊してしまったでは、なんの意味も成しません。

戦略は完璧でなくても良いから実行するほうが、業績が上がります。

そもそも100点満点の戦略など無いのかもしれません。であれば、どんどん実行して結果を見ていくべきです。


チェーンストア企業の実行力アップを支援するというビジネスをはじめてから、大変お世話になっているのが良品計画の前会長松井忠三様です。

松井様は、良品計画が経営難に陥っていたとき、社長になられ、今の良品計画の基礎を作り上げられた方で、実行力の重要性を著書などでも度々発言されています。

その松井様からは、「戦略一流で、実行力二流の企業」と「戦略二流で、実行力一流の企業」では、最終的に後者が生き残ると教えて頂きました。

変化の速い今の時代だからこそ、ますます実行力が問われているのではないかと思います。

## 実行力は全店舗100%でないといけない

では、実行力はどのくらいあれば良いのでしょうか?

答えとしては、全店舗が実行力100%を目指すべきだと思います。

なぜ、実行力100%にこだわるかといいますと、前項の「業績=戦略×実行力」の式で考えると、実行力100%であることにより戦略の評価が正しくできるようになり、問題点を明確にしやすいからです。

例えば、キャンペーンを行ったとしても、決められた時間に準備ができておらず、販売の機会をみすみす失っていたとしたら、このキャンペーンの企画自体が悪かったのか良かったのかが分かりません。

つまり、実行力が低いと、戦略が悪かったのか、実行力に問題があったのか判断がつかず、結果が良くも悪くもキャンペーンの企画に対する反省のしようがないということです。

色々な催しを行うが、業績に結び付いていないという企業があります。こういう企業は戦略が悪いのではなく、実行力が低いことが根本的な問題ではないでしょうか。

正しい反省や振り返りができないで、間違った施策を繰り返し講じてしまう。これは、非常にもったいないことです。利益を生み出すには、こういうことをきっちり行えることが本当に重要になります。

企業において、戦略と実行力のどちらを先に改善するかは、とても重要な視点です。前述の様に戦略から手を付けていては、無駄が大きすぎます。手を付けるべきは、実行力からです。実行力を100%にしたうえで、戦略100点を狙うという順番が正しいのです。

よく店舗で実行できないほどの業務指示を出されている企業を見かけます。チェーンストア企業にとって、どの店舗でも同じ質でサービスを提供できるということが最も重要な経営方針のはずです。それが、100%実行できないほど、店舗に業務指示を出しているということは、店舗サービスの質がバラバラでよいと言っているようなものです。

実行力100%であって初めて、どの店舗でも同じ質のサービスが提供できるのであり、店舗が物理的に実行できないくらい業務指示を出しているということが、悪影響を及ぼしているか理解できるかと思います。

なかには、店舗スタッフの能力を上げて多くの業務指示を100%実行できるようにするべきと考えられる方もいますが、かえって店舗毎のバラツキを生むことになり、あまり得策だとは思えません。

まずは、今のどの店舗でも100%実行できる量の業務指示に抑えるのが正しい一歩だと思います。

## 成熟度（実行力100%がゴールではない）

しかし、実行力が100%になれば良いという話でもありません。ゴールはチェーンストアビジネスのプロセスが継続的に改善され売上や顧客満足度などが向上することです。実行力100%は、そのための必要条件です。

どういうことかと言いますと、当初、50点の戦略を40%実行していたとします。これを、次のステップでは50点の戦略を100%実行できるようにします。ここで、終わりではなく、更に次のステップでは、実行率100%を維持しつつ、50点の戦略を100点と上げていくということです。まずは実行力を100%にしてから、戦略を上げていくという順番が大切です。このステップを踏むことで、売上や顧客満足度といった経営指標を上げることができます（図2－1）。

図2-1 **戦略と業績のステップアップ**

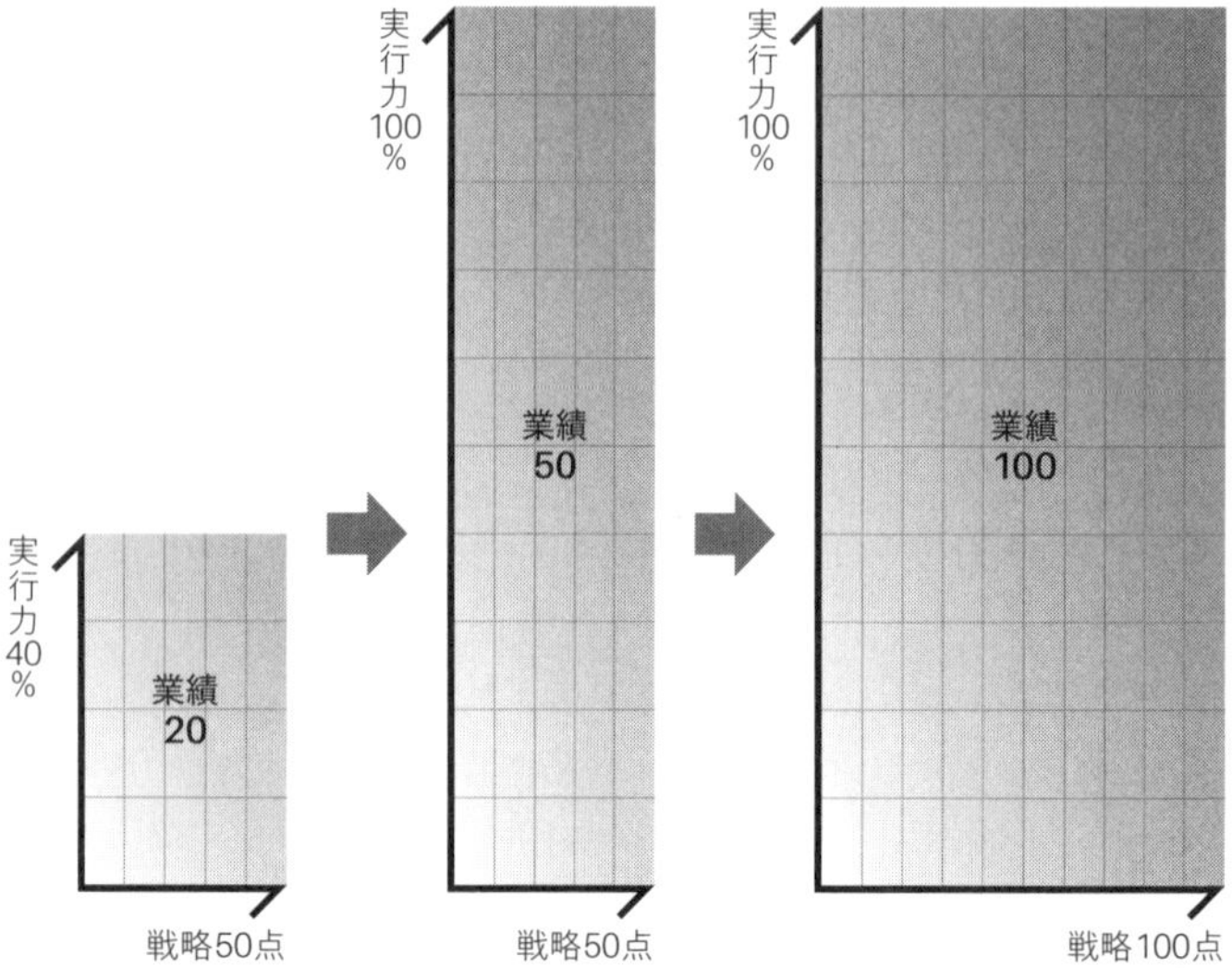


表2-1 **業務指示に対する成熟度モデル**

| レベル | 成熟度 | 特性 |
|---|---|---|
| レベル1 | 実行力の実態が分からない | 業務指示を出すツールが、人によって異なる状態。業務指示に関するルールが定まっていない。 |
| レベル2 | 実行力UPの仕組み化が構築され、実行力の実態が把握できている | 業務指示がルール化されたプロセスで行われている。各プロセスにおける文書(マニュアル)化、標準化、そして統合化されている。 |
| レベル3 | 実行力UPに向けPDCA管理されている | 構築した実行力UPの仕組みから、詳細な測定結果が収集されている。店舗別、エリア別の実行力や、業務指示の件数、完了確認率などのデータを収集している状態。 |
| レベル4 | 実行力100%が維持され、ビジネスの改善に貢献している | 構築した実行力UPの仕組みから定量的フィードバックによって、継続的にビジネスのプロセス改善が可能になっている。実行力と、顧客満足度、売上等の関係を分析し、ビジネスの改善を行っている状態。 |

表2－1は、チェーンストア企業の本部店舗間における業務指示のやり取りを成熟度という観点でまとめた表です。この成熟度モデルに自社の状況を照らし合わせて頂ければ、レベルが分かり、実行力の改善に何を行えばよいかが分かります。

レベル1は、実行力の状態が分からない状態です。例えば、業務指示を出すツールが、メール、グループウェア、メッセージングアプリ（SNS）などの複数存在しており、人によって使用するツールが異なるなどしていることが原因として考えられます。

レベル2は、業務指示に対する運用ルールが定められ、実行力の実態を把握できているレベルです。業務指示を出すツール、業務指示の件数、業務指示を出す時間、期限日の設定、承認、統一化された重要度設定、業務指示を確認するタイミング、業務指示に対する店舗責任者、回答された業務指示への回答などが、文書化され、関係者に対しトレーニングが実施されている状況です。

レベル3は、店舗やエリアの実行力、店舗に出されている業務指示件数、店舗からの回答に対する確認状況などを数値化し、実行力100％を常に実現できるよう管理しているレベルです。業務指示に関する情報を数値化し、本部、店舗ともに「ムリ、ムラ、ムダ」がなく業務指示が実行されている状態です。

レベル4は、実行力100％が維持されていることが前提となり、業務指示の内容と実行力により、業務指示の効果を高めるべくPDCAが回され、継続的にビジネスプロセスが改善されているレベルです。ビジネスプロセスが改善されることで、売上や顧客満足度などの向上に寄与している状態です。

この様に、実行力100％はゴールではなく、ビジネスプロセスを改善するための必要条件であります。実行力を上げて業績を上げるには、このステップを踏んで一つ一つ改善していくのが近道になります。

## 実行力を改善し業績がアップした事例のご紹介

ここまで、色々と実行力の大切さについて話をさせて頂きましたが、「実際に実行力がアップすると具体的にどんな良いことがあるの？」と思われる方も多いと思いますので、私たちのお客様の事例をご紹介させて頂きます。

### ①接客時間が月8・5時間増加（家具、雑貨の小売チェーン）

本部から日々配信されてくる業務指示は、難解なものが多く、又は業務指示を書く人によってフォーマットもバラバラ。店舗スタッフにとって、業務指示を理解するだけでも負担が大きい状態で、誤った理解で何度もやり直しを行ったり、本部に何度も確認の電話を入れたりしており、店舗における実行力が低い原因になっていました。

この状況に対し行った改善は、まず、業務指示のフォーマットを決め、業務指示の書き方に関するルールを策定。次に、業務指示を店舗へ配信する前に、専任の承認者（ゲートキーパー）を置き、業務指示の書き方が、ルールに従っているか確認し、間違っていれば訂正を依頼、正しければ店舗へ配信するという仕組みを構築しました。

これにより、業務指示の質が格段に向上し、店舗スタッフの負担が軽減されました。その効果は、店舗スタッフの接客時間に現れ、改善前に比べ、スタッフ一人あたり1カ月間の平均接客時間が、前年に比べ8・5時間長くなりました。

この小売チェーンは、ここ数年業績が赤字でしたが、この改善により黒字化を達成することができました（図2－2）。

図2－2 ひとりあたりの1カ月間の平均接客時間

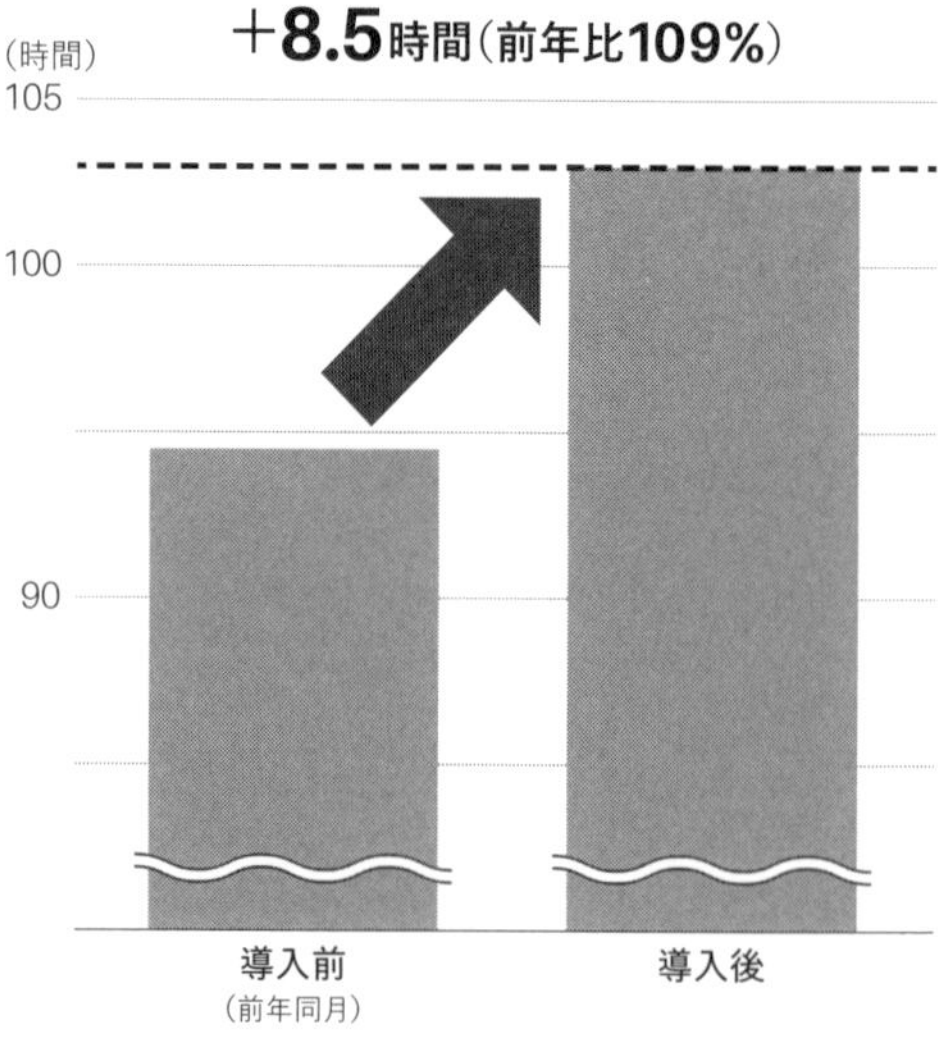

## ②売上が対前年比111％UP（ファストフードチェーン）

新商品の開発スピードを上げ、売上向上を狙っていましたが、週1日や2日で働くアルバイトが多く、店舗オペレーションに未熟だったため、ショーケース内の欠品が目立つ状態でした。特にピーク時間帯での欠品は、大きな機会損失になっており、重要な改善課題でした。つまり、ピーク時間前に重点商品をショーケース内に陳列するというアクションの実行力が低かったことになります。

この課題に対し、1日3回あるピーク時間帯の前に、重点商品がショーケース内に陳列されているか本部に写真報告してもらうようにしました。写真が届かない場合は、陳列できていない可能性があるため、急ぎ店舗に連絡して陳列

図2-3 店舗の売上

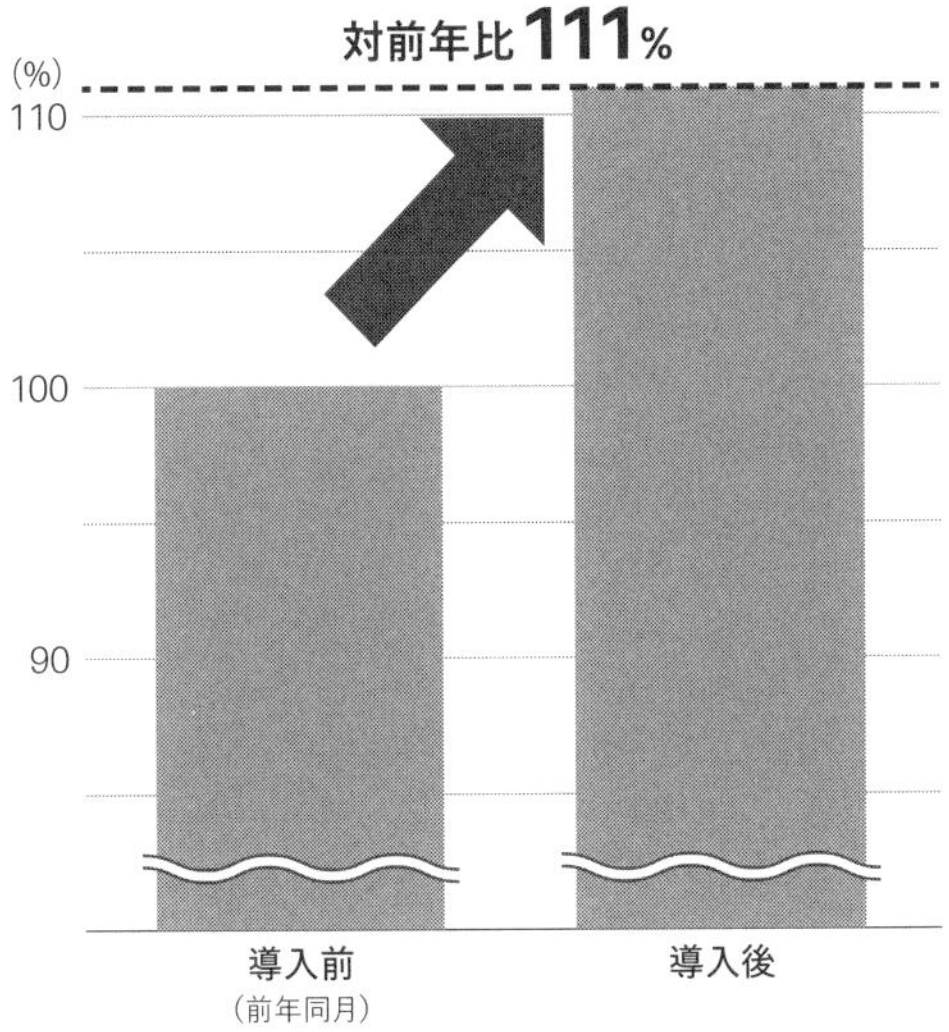

するよう指摘していきました。この施策により確実にピーク時間帯に商品が陳列されるようになり、売上が前年比で111％になりました（図2－3）。

いかがでしたでしょうか。実行力が大きく業績に関連していることが分かるかと思います。他にもお客様に重点商品の声掛け紹介を徹底して実行することで、店舗売上が上がった企業や、メーカーと約束した仕入れ商品の陳列方法を100％実行したことで、その後のメーカーとの価格交渉で優位に進められたなど、色々な効果が期待できます。

第3章

# 原因

本部からの業務指示に対し店舗では40%程度しか実行できていない。この問題に対する原因を、この章では見ていきたいと思います。

店舗での実行力について話をしているため、多くの方が、店舗スタッフに原因があると思われますが、決して店舗スタッフ自身には問題はありません。

仮に店舗スタッフ自身に問題があったとして、そこを突っついてもなんの解決策にもつながりません。結局、場当たり的な対策になってしまいますので、ここでは、もっと構造的な問題についてみていきたいと思います。

ちなみに、私たちの経験では、日本の店舗スタッフは世界一優秀だと思います。その優秀な店舗スタッフがいるにも関わらず実行力が低いというのは、別のところに問題があるからです。

では、チェーンストア企業ならではの構造的な原因から見ていきましょう。

## チェーンストア企業における特有な構造

チェーンストア企業は、本部と店舗という組織構造になっています。しかも、本部と店舗は、物理的に距離が離れています。この物理的に距離が離れているということが、情報の伝達やコミュニケーション面で大きな足かせになっています。

この距離が近ければ、例えば隣の席にいる相手に対し、何かを依頼した場合、実行してくれているか気軽に確認ができ、依頼された方もやり方が分からなければ気軽に聞くこともできます。距離が離れていることは、想像以上に進捗状況の確認や問い合わせが難しくなり実行力の低下をもたらします。

更に、店舗数が増えることも実行力が低くなってしまう原因です。店舗数が少ないときは、本部の目が行き届いているため、本部で考えた戦略が確実に実行されますが、店舗数が多くなると目が行き届かなくなるため、本部の指示に対する実行力が落ち店舗毎のバラツキが出てきます。

良く、急激に店舗を増やしたチェーンストア企業が、業績を悪化させて消えて行ってしまうことがありますが、急激に店舗が増え各店の実行力が落ちてきたことも一因であると思われます。

もう一つチェーンストア企業の特有な構造といえば、本部が戦略を立案し、店舗が実行するというように、戦略と実行の部隊が分かれていることです。

本部が、販売、価格、店舗オペレーション、キャンペーンなどの戦略を策定します。店舗はそれらの戦略に従い実行します。

企業により、店舗の裁量が異なりますので、店舗ごとに仕入れる商品のラインナップを変えられるなど、店舗でも戦略を立案することはありますが、基本的には本部が戦略を立案し、店舗が実行するという構図になっていると思います。

この様に、戦略と実行が分かれているため、戦略だけ考えればよい、実行だけすればよいという考えになりがちです。

特に、本部は戦略さえ立てれば、実行は店舗の責任という考えになりがちで、実行後の効果測定を行われないことも多いのではないでしょうか。

この様に、チェーンストア企業は、本部と店舗が物理的に離れていることと、チェーンストアである以上店舗を増やさざるを得ないこと、戦略を立案する部隊と、戦略を実行する部隊が分かれていることが、実行力が自然と落ちてしまう構造になっているのです。

しかし、チェーンストア企業である以上、この構造は変えることが出来ません。この構造を踏まえたうえで、戦略が１００％実行される仕組みを作る必要があります。

ここに、チェーンストア企業における実行力アップの難しさがあります。

## 実行力40％の真の原因は？

チェーンストア企業は、そもそも本部と店舗が物理的に離れており、店舗数も増加していく、本部が戦略を考え店舗が実行するという役割分担がゆえに、実行力を高めるのが難しい構造になっていることを見てきましたが、それでも実行力が高い企業は存在します。

では、実行力40%問題の解決に結びつく真の原因はどこにあるのでしょうか？　店舗に優秀なスタッフが不在で怠けているから、本部やマネージャーがちゃんと監視していないと思われる方もおられますが、これらは多少の原因ではあるものの決定的な原因ではありません。

私たちの今までの経験から、実行力40%問題の真の原因は次の3つにあるということが分かってきました。

〈実行力を妨げる3大原因〉

1　実行してもしなくても同じという空気
2　物理的に実行できない量の業務指示
3　曖昧な業務指示（業務指示の書き方）

1つ目の原因は、会社の雰囲気というか風土に近いものですが、本部社員、店舗スタッフともに100%実行するものだという意識がそもそも無いということです。

2つ目の原因は、店舗スタッフが処理できるキャパシティを超えた量の業務指示が配信されているということです。

3つ目の原因は、業務指示の書き方の問題で、内容が曖昧なため店舗にて後回しにされたり、誤った実行をしてしまったりするということです。

では、これら実行力40%問題の3大原因について詳細を見ていきましょう。

## 原因1 実行しなくても同じという空気

実行力を妨げる3大原因の1つ目、「実行してもしなくても同じという空気」は、〝業務指示の投げっぱなし〟現象により醸成されてしまったものです。

本来、業務指示は、PDCAサイクルを回して完結するものです。P(Plan)で業務指示を作成し、D(Do)で業務指示を実行、C(Check)で実行内容をチェック、A(Action)で業務指示の効果を分析し次につなげるというサイクルです。

このＰＤＣＡサイクルが、ＰＤで終わってしまうのが〝業務指示の投げっぱなし〟現象です。本部は業務指示を出して仕事が終わりと思われている方が、実際、非常に多いように思います。本人は、責任を果たしたと思っているため、店舗がちゃんと実行してくれたのか、実行の結果どの様な成果が出たのかなどは、あまり興味がありません。

では、なぜ〝業務指示の投げっぱなし〟現象が起きてしまうかですが、本部と店舗の役割が明確になっていないためです。本来、本部の役割は、業務指示を書いて配信するだけではなく、実行状況を確認し業務指示の効果を測定し、次につなげるということまでが役割なはずです。しかし、このことが明確になっていないため業務指示を投げっぱなしにしてしまうのです。

そして、業務指示を出すときに使っているツールの影響も大きいように思います。

多くのチェーンストア企業では、業務指示を出すときに、メール、グループウェアの掲示板、メッセージングツール、ＦＡＸ、電話などがよく利用されています。そのなかでも一番多く活用されているのがメールになりますので、メールについて詳細を見ていきたいと思います。

メールは業務指示を出すだけでしたら非常に便利ですが、返信されたメールをチェック（または、集計）するのはなかなか負担がかかります。業務指示のなかには、店舗に何らかのフィードバックを求めなければいけないものもあります。例えば、衛生チェックとして清掃後の店舗写真を送ってもらうなどです。この場合、本部は各店舗から届いたメールを一件一件チェックすることになりますが、店舗数が多いと返信メールがバラバラに届くため、どの店舗からの返信が届いていないのか確認するだけでも本部社員にとっては非常に負担がかかります。

そのため、返信はしてもらうが何もチェックしていないという状況になり、結局、業務指示を投げっぱなしにしたのと同じことになってしまっています。

それでも店舗が確実に実行すればよいだろうと思われる方もおられますが、そこは人であるため、ちゃんと見てくれないものを実行する気にはなりません。

ある企業の本部の方が、私にこの様なことを言われたことがあります。

「うちの店舗スタッフは、本当にひどいです」

「うちの会社では、店舗に、毎週、店内の写真を撮影してファイルサーバにアップするよう指示を出しているのですが、確認してみると他の店舗が撮影した写真をファイルサーバにアップしている店舗があるんですよ。しかも何カ月も繰り返しですよ」

「バレなければ良いという考えなのです。本当、油断も隙もありません」

とても、面白い話でしたので今でも良く覚えています。店舗には毎週写真を撮影させておきながら、自分は何カ月もチェックしていなかった。でも、店舗が悪いと言われるのですから。

確かに店舗にも問題はあるのかもしれませんが、やはり本部がしっかりチェックしていないことのほうが問題です。ニワトリが先か卵が先かという議論ではありませんが、本部と店舗であれば、本部がしっかりやるべきことをやるのが先だと思います。

事実、実行したか、実行しないかを、きちんと確認してくれる人が配信した業務指示は、実行率が高いものです。

この様な〝業務指示の投げっぱなし〟現象がつづくと、「実行しても実行しなくても同じ」という会社の雰囲気が出来上がってしまい、多くの場合は店舗スタッフの判断で、この業務指示は実行するとか、しなくてよいなどの判断をするようになってしまい、実行力40％の主な原因となっています。

## 原因2　物理的に実行できない量の業務指示

実行力を妨げる3大原因の2つ目、「物理的に実行できない量の業務指示」について見ていきましょう。

店舗が物理的に実行できない量の業務指示が配信されてしまうのは、業務指示の全体像が見えていないことに起因します。

今、店舗にどのくらいの数の業務指示が届いているのか、未処理の業務指示がどのくらい溜まっているのか見えれば、今は、ちょっと業務指示を出すのをやめておこうとなりますが、見えないため店舗スタッフの負担に思いが至らず、業務指示を出してしまいます。

また、業務指示の全体像が見えないということは、自分が作成している業務指示が会社視点（俯瞰してみた状況）で重要なものか判断できないということにもなります。その為、業務指示の出し手（本部）は、自分一人の判断において業務指示の重要度を判断しなければなりません。そのため、ほとんどの業務指示が重要と判断され、業務指示を出さないという決断が取れなくなってしまいます。

もう一つ、本部社員にとって業務指示は大事な仕事の一つです。その為、業務指示をいくつ出したかが評価に直接、又は間接的に影響しますので、本部社員は一生懸命業務指示を作成します。皮肉なことに、これが業務指示の量が増える要因になっています。

これも店舗が実行できる業務指示の量が明確になっていれば解決する問題ですが、そもそも店舗にとっての適切な業務指示数というものを把握できている企業は少ないと思います。

以上の様に業務指示の全体像が見えないため、業務指示の優先順位を判断できず、また、業務指示を書くことが仕事になってしまっていることが、店舗にとって物理的に実行できない量の業務指示を出してしまう要因になっています。

実際、業務指示の件数が多いことを問題にされている企業様は多くおられます。以上の要因に加え、業務指示を減らすと業績が落ちてしまうのではないかという心配もあり、なかなか解決できていない、難しい問題になっています。

## 原因3　曖昧な業務指示

実行力を妨げる3大原因の3つ目は「曖昧な業務指示」です。つまり、業務指示の書き方の問題です。業務指示の内容を分析したところ、次の問題点が浮き彫りになりました。

1　いつまで実行して欲しいというタスク期限情報が書かれていない
2　タスク期限情報が書かれていたとしても、短すぎるなど適切な期限が設定されていない
3　文章が複雑で、実行すべき内容が分かりにくい
4　実行した後の回答形式（数値、コメント、写真など）が明記されていない
5　実行した後の報告手段（メール、定期便、FAXなど）が明記されていない

恐らく、ベテランの店舗スタッフの方であれば、曖昧な業務指示でも真意が伝わるのかもしれませんが、新人店舗スタッフでは、いつまでに、何をして、どうすればよいのかが分かりません。これでは、実行力が上がるわけがありません。

ある企業様では、この業務指示の書き方を変えただけで、実行率が20ポイントも上昇したという実績がありますので、やはり業務指示の書き方が実行力アップに重要であることが分かります。

以下に、あるお客様の業務指示、半年分を分析した結果を掲載させて頂きましたのでご覧ください。業務指示の書き方に問題があるとなんとなく感じていましたが、想像以上に問題があることが分かりました。

## 調査結果、こんなにひどい業務指示

調査を行ったA社は、メーカー系小売店で、70店舗ほどの規模で運営されています。本部から店舗への業務指示は、ＦＡＸを利用していました。分析結果は、約6カ月分、１３７枚の業務指示を、一枚一枚分析したものになります。業務指示件数としては、少ないように思えますが、実際はＦＡＸだけでなくメールや電話でも業務指示を出されており、こちらのデータは収拾することが出来ませんでした。しかし、業務指示の実態をつかむには参考になると思いますのでご紹介させて頂きます。

## 業務指示の宛先に関する調査結果

業務指示の宛先について調査してみました。チェーンストア企業である以上、できるだけ同じ業務指示で全店の運用を行えるのが理想です。

調査の結果、A社の場合、業務指示の宛先が、全70店舗に対し一括で出されているものが85%、宛先が特定の店舗になっていたものが15%でした。

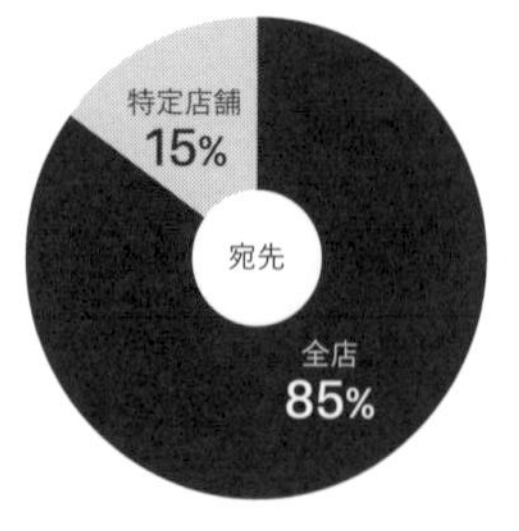


ちなみに、私たちのお客様全てのデータを見ると、店舗に配信された業務指示の96%が全店舗宛のものになっています。

この結果から言えることは、チェーンストア企業では店舗毎に特定の業務指示を出すのではなく、同じ業務指示が基本であり、曖昧な業務指示を出した場合、全店舗に影響を及ぼしてしまうということです。

## 業務指示を多く出す部署に関する調査結果

どの部署から業務指示を出されているか調査してみました。A社の場合、最も多く業務指示を出していたのが、商品部、次いで営業部、経営企画部、マーケティング部、生産部、顧客サポート部と続いていました。多くのチェーンストア企業同様、部署により業務指示の量に差があることが分かりました。

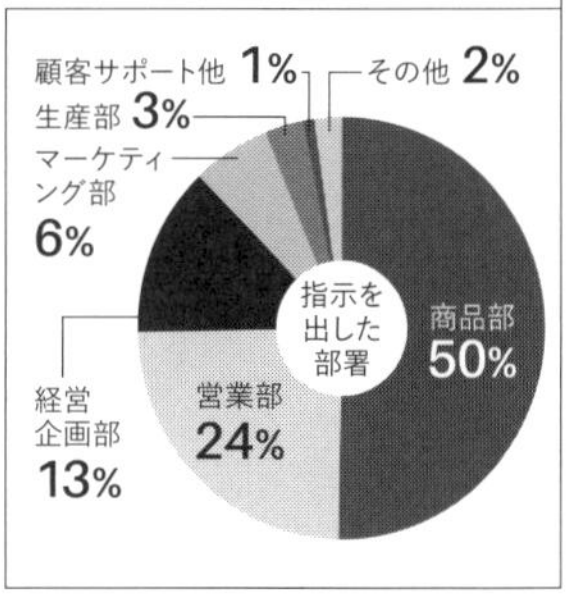


## 実行が必要な業務指示の割合に関する調査結果

業務指示の内容として、店舗側でなんらかの実行が必要なものか、読むだけでよい業務指示か調査してみました。その結果、91%の業務指示が、実行を伴う指示であることが分かりました。

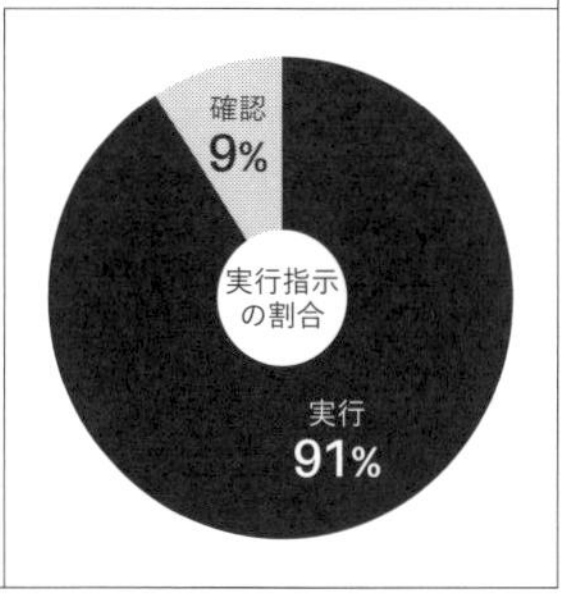


以上の結果からA社では、比較的全店舗宛の業務指示が多く、90%が実行を伴う業務指示でした。業務指示を多く出す部署は、

商品部で全体の50％の業務指示を出していました。

ここまでは、業務指示の全体像を掴むための調査になります。
以下から、業務指示の内容に関する調査になります。

## タスク期限の明記に関する調査結果

業務指示の内容に関する調査の最初は、タスク期限が明記されているか、いないかです。

先の調査から業務指示の91％が実行を伴う業務指示でありますが、そのうちの71％の業務指示においてタスク期限が明記されていないことが分かりました。つまり、実行を依頼はするが、いつまでにという部分が書かれていない業務指示が多いことになります。

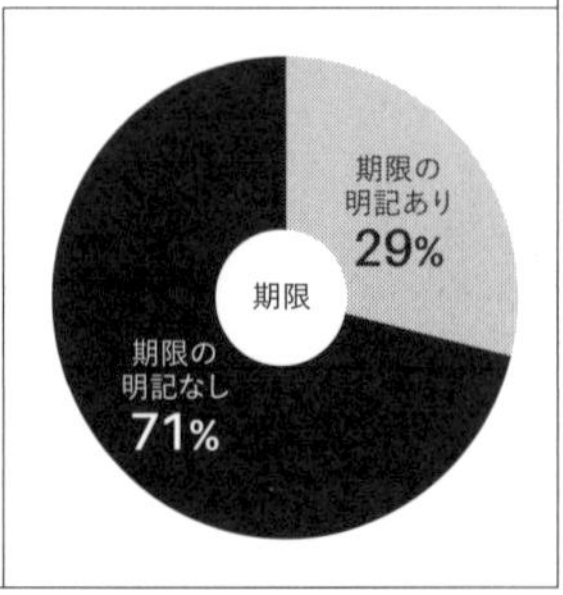

## 期限の長さに関する調査結果

業務指示のタスク期限の長さについても調査してみました。期限が短い場合、店舗スタッフの負担になり、実行力を下げてしまう原因にもなります。

調査の結果、50％の業務指示において、即実行を求められていることが分かりました。もう少し、余裕をもって業務指示を出すことで、実行力ＵＰにつながると思われます。

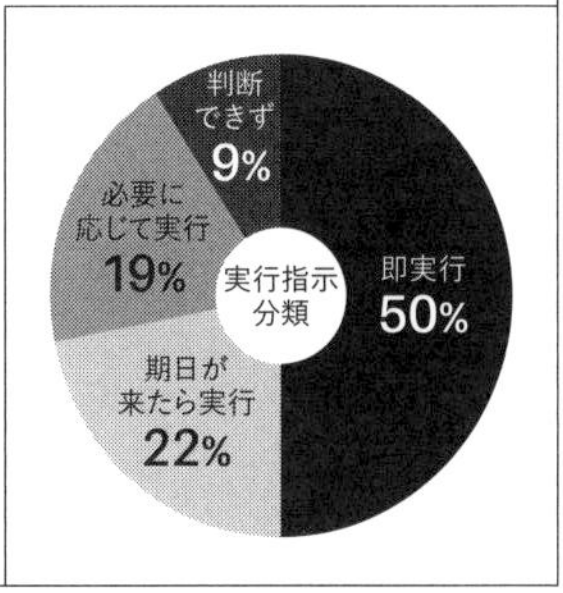


## 依頼事項の数に関する調査結果

1通の業務指示のなかに、いくつの依頼事項が含まれているかも調査してみました。1通の業務指示に、依頼事項が多く書かれているほど店舗スタッフにとっては負担となります。

調査の結果、60％以上の業務指示において、2件以上の依頼事項が書かれていることが分かりました。5件以上の依頼事項が書

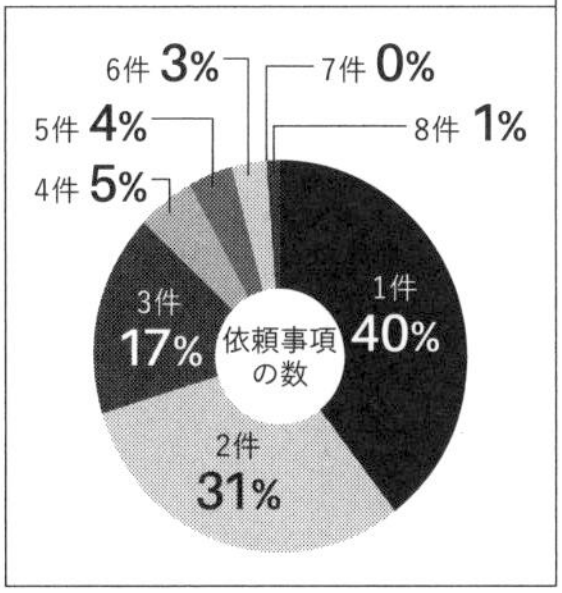

かれている業務指示も8％ほどありました。

## 報告の回答形式に関する調査結果

業務指示のなかには、本部への報告を求めるものがあります。例えば、数値で回答、コメントで回答、写真で回答などになります。

どの様な回答形式で回答してほしいかについて明記されているか調査してみました。

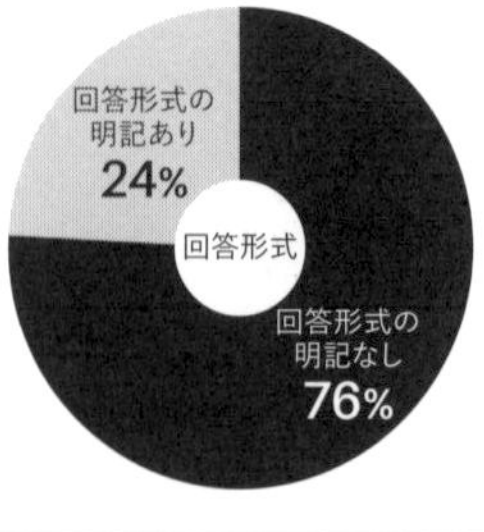


調査の結果、76％の業務指示において回答形式が明記されていないことが分かりました。

## 報告手段に関する調査結果

業務指示に対する回答の報告手段（FAX、メール、定期便など）が明記されているかについても調査してみました。

その結果、77％の業務指示において、報告手段が明記されていないことが分かりました。報告手段が明記されていない場合、店舗スタッフも困りますが、店舗ごとに報告手段がバラバラでは本部業務も煩雑になってしまいます。

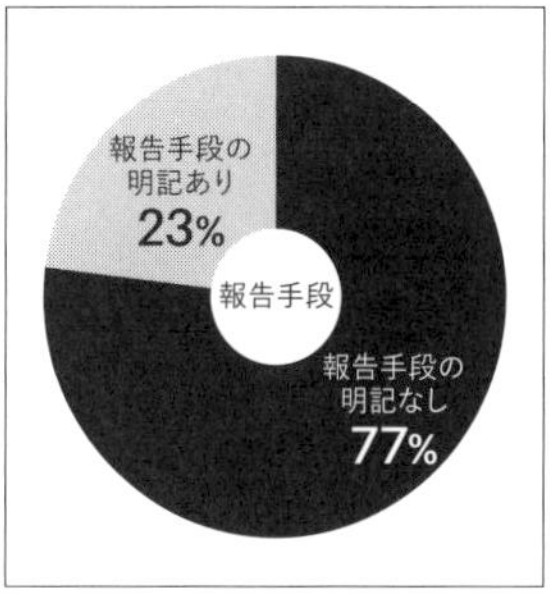


以上の調査結果を総括すると、チェーンストア企業における業務指示の傾向としては、ほとんどの業務指示が全店舗宛に配信されています。

このことから言えることは、たった1通の曖昧な業務指示であっても、全店舗に影響を及ぼすということが言えます。

また、業務指示には、複数の実行を求める依頼事項が書かれているが、タスク期限、回答形式、報告手段がほとんど明記されていないことが、分かりました。

回答形式、報告手段については、実行後のアクションになりますが、タスク期限は直接実行力に影響するものであるが、70％も書かれてなく実行力40％問題の大きな原因になっています。

## 店舗の裁量に任せているは、責任逃れ

「実行力」という言葉には、どこか強制的で威圧感を感じてしまう方も多いと思います。なにか、今まで以上に必死で働けと言われているような感じです。

その為、嫌悪感を示される方もおられます。

その様な方がよく言われるのが、「うちは、店舗の裁量に任せていますので、本部が実行力、実行力というと、店舗スタッフのモチベーションを下げてしまい自分たちで物事を考えなくなってしまいます。」というものです。

一見、正しい発言のようにも思いますが、本部と店舗の責任が明確化されてなく都合よく店舗の

裁量と言っているケースも多いように思います。実際、この様な発言をされる企業の業績はあまり良くないことが多いのも事実です。つまり、見方によっては、自分たちはチェーンストア理論（特に全店舗のサービスレベルを統一するという面）が崩壊していますと宣言しているようなものです。

確かに、店舗のなかには優秀な店長がいて、その店長に任せていれば店舗業績が良いということもあると思いますが、チェーンストアである以上、全店舗においてサービスレベルを統一する必要があります。そのため、優秀な店長は、本部に引き上げ、全店舗のサービスレベルを統一すべく、業務のマニュアル化を行い、きちんと実行した上で働いて貰ったほうが大きなメリットがあると思います。

また、「実行力、実行力」と言ったとしても、正しい方法で実行力ＵＰを行えば店舗スタッフは前向きに受け止めてくれます。本当に実行力の高い企業は、業務内容が整理されているため決して負担が大きいわけではありません。負担を抑えながら実行力を高くすることが重要です。

店舗の裁量などという聞こえの良い発言をして現実に目を背けるのではなく、本部は店舗にとって働く良い環境を作るべきです。それが、本部の責任だと思います。

## 店舗の実行力は、本部の実行力以上には上がらない

我々が、お客様の店舗における実行力UPのお手伝いをしていて見つけた法則があります。それは、「店舗の実行力は、本部の実行力以上には上がらない」というものです。

例えば、本部の実行力が70しかないとします。その場合、店舗にいくら実行力を80にしろといっても70より上がりません。

これは、店舗の実行力が、本部と密接に関係しているということで、本部側に実行力を妨げている原因があるということです。

第1章で、仕組みで実行力を上げるという話をしましたが、いくら仕組みを作っても人のオペレ

ーションがゼロになることはありません。

例えば、本部から店舗に、衛生管理の一環として清掃後のキッチン周りの写真を送ってもらうよう依頼したとします。この業務指示に対し、本来、本部には問題のある店舗にはやり直しを依頼し、問題のない店舗には問題がないことを知らせてあげる責任があります。しかし、多くの場合、この本部での確認作業が実行されていません。これが、本部側の実行力に対する問題です。

前にも話しましたが、せっかく写真を送ったのに見てくれなければ、次からはやらなくなるのが正常な反応です。自分は実行しないけれど、店舗には「100%実行しろ！」では、辻褄があいませんし、説得力もありません。

本部の実行力がもともと高い場合は、仕組みを作ることで店舗の実行力は高い値で維持し続けることができます。実際、私たちのお客様でも何年にもわたり、本部からの業務指示に対する実行力が100%を維持されている優良企業が何社かいます。この様な企業は、間違いなく本部がしっかりしています。

店舗の実行力を上げたければ、本部も実行力を上げるように努力しなければなりません。

## マネージャーの負担が増大中

チェーンストアにおいて、マネージャーは非常に重要な存在です。
マネージャーは、本部と店舗の間に位置し、複数の店舗のマネジメント業務を行っています。ちなみに、マネージャーにも、エリアマネージャー、ブロックマネージャー、スーパーバイザーなど、色々な呼び方がありますが、ここではひとくくりにマネージャーとさせて頂きます。

マネージャーの役割の一つは、店舗の運営が本部の指示通りに実行されるように、支援していくことです。しかし、最近では人手不足も重なり、マネージャー自身がシフトの穴をふさぐため店舗業務を行ったり、マネジメントしなければいけない店舗の数自体も多くなったり、マネージャーの負担が大きくなってきています。

店舗オペレーション一つとっても、レジの無人化、無人オーダー、withコロナ時代におけるサービスの変更など、取り巻く環境も目まぐるしく変化しています。この様な店舗運営にかかわる変化が、マネージャーの仕事に影響していることは言うまでもありません。

つまり、マネージャーに本部の指示を伝え、マネージャー経由で店舗実行力を１００％にするのは非常に難しくなってきています。

店舗の実行力を上げるには、本部から店舗にダイレクトに配信される業務指示の精度を上げることが、以上の点からも重要になっています。

第4章

# 実行力を向上させるための8つの仕組み

本部から店舗に出されている業務指示は、40%程度しか実行されていない。そして、その原因は、「1　実行してもしなくても同じという空気」「2　物理的に実行できない量の業務指示」「3　曖昧な業務指示（業務指示の書き方）」にある、ということが分かりました。

では、これらの原因を取り去り、実行力100%を目指すための8つの仕組みについてお話していきましょう。

## 仕組みで実行力を上げる

実行力を上げる方法は、色々あります。

・実行力の高い、優秀な店舗スタッフを雇う。
・きちんと実行しているかエリアマネージャーに徹底的にチェックさせる。
・店長やエリアマネージャーなどを定期的に集め、実行力のチェックを行う。

・トップ自ら細かい点までチェックし、指摘して回る。

この様に人に頼った方法で実行力を上げることも可能です。場合によっては、人に頼ったほうが短期間に実行力を上げることができます。

しかし、人に頼った方法の欠点は、その人がいなくなるとたちまち実行力がもとに戻ってしまうことです。

プロ野球の世界でも同じような現象を見かけます。監督が代わると急に強くなり、監督が代わるとBクラスに落ちてしまうことがありますが、これは、監督の采配で一時的に強くなっただけです。

人に頼らず実行力を上げるには、実行力が上がるよう仕組み化することだと思います。仕組み化とは、「やらざるを得ないようにすること」です。

業務指示でいえば、「業務指示の投げっぱなし」が発生しない仕組み、業務指示の量や実行力が見える仕組み、ルール化された業務指示の書き方、実行力が評価に反映される仕組みなどを構築することです。これらの仕組みを構築することで、人が代わっても高い実行力を保つことが出来るようになります。

チェーンストア企業の場合、店舗のスタッフ（パートやアルバイト）は、基本的に入れ替わりが早いものです。ある大手の飲食チェーンでは、高校生や大学生のアルバイトを採用していることもあり、店舗スタッフの平均勤続期間は3カ月程度しかないそうです。そのため、入社したその日から即戦力になってもらうよう店舗オペレーションの仕組み化は欠かせないそうです。

先ほどのプロ野球の世界でいえば、監督はもちろん、スカウト、育成、選手の再生、給与体系などの仕組みがしっかり整い、常にAクラスを維持できるのだと思います。

人に依存しない仕組みを構築できるかが、長きにわたり実行力の高い企業を作るポイントになります。

では、実行力を向上させるための具体的な仕組みについてみていきましょう。

仕組み1

## 業務指示を「見える化」する

現状を把握するにも、改善がどのくらい進んでいるか把握するにも、誰が、どんな業務指示を、どの店舗に出しているのか、その業務指示は、どのくらい実行されているかなど、業務指示の情報を「見える化」しないと始まりません。

実際、「見える化」されると、色々なことがわかってきます。私たちが支援させて頂いているチェーンストア様では、必要性があまり感じられない業務指示や、あいまいな表現の業務指示が多く出されており、また、業務指示の多くが投げっぱなし状態になっていることを知り、驚かれます。他にも、作成に多大な時間を割いているのではないかと思われるような装飾煌びやかな業務指示、作成者ごとにバラバラなフォーマットや指示内容など、色々な問題が見えてきます。

これこそが、「見える化」の最大の目的になります。問題が見えるからこそ、改善に進められます。

業務指示であれば、次の要素は「見える化」したいものです。

・どの部署の誰が業務指示を出しているか？
・業務指示の宛先はどの店舗になっているか？
・1週間に何通の業務指示が店舗に出されているか？
・どんな指示内容の業務指示を出しているか？
・業務指示の実行期限はどのくらい設けられているか？
・業務指示は、何店舗で実行されているか？
・業務指示に対する店舗の実行状況を、本部はどのくらいチェックしているか？
・期限を過ぎた業務指示に対し、本部はどんな対応（催促や強制終了など）を行っているか？

次に、「見える化」されたデータに対し、業務指示に関わる人全員が、簡単にアクセスし確認できるようにすることが大事です。チェーンストア企業の場合、本部社員はもちろんのこと、エリアマネージャー、ＳＶ（スーパーバイザー）も確認できることが大切です。店長や店舗スタッフにも基本的な情報へはアクセスし確認できるほうが良いと思います。

昨今、ビックデータやBIツールを活用し経営の状況を「見える化」する経営ダッシュボードを構築される企業が多いと思いますが、導入効果として売上が向上したなどというビジネス的な成功事例をあまり聞きません。この原因は、経営ダッシュボードにアクセスし確認できる人が、残念なことに一部の経営者などに限られているためではないかと思います。

片や、「見える化」の生みの親であるトヨタ自動車の工場では、アンドンという仕組みが有名ですが、機械の稼働状況、作業の進捗状況、組み立ての異常などが大きな電光掲示板に表示されていて、工場にいる誰もが確認できるようになっています。これは、私の見解ですが、誰もが確認できるか、できないかが、大きな効果を生む要素の一つではないかと思います。

業務指示の実行力向上に向けても、トヨタ自動車のアンドンのように誰でもアクセスでき、簡単に確認できるような仕組みを作る必要があります。

実際、業務指示を「見える化」するには、それぞれの企業ごとに工夫が必要になってきますが、幸いチェーンストア企業では、本部から店舗宛に出される業務指示の80％以上が全店舗宛のものです。つまり、個別店舗宛の業務指示はとても少ない状況です。

その為、一つの店舗に届く業務指示を定期的に集計し分析するだけでも、誰が、どんな内容の業務指示を出しているのか、何通の業務指示が出ているのか、業務指示の実行期限はどのくらい設けられているかなどは、比較的容易に把握することができます。

本部から出された業務指示に対し何店舗で実行されているのかといった実行力や、店舗の実行状況に対する本部側の確認状況に関しては、難易度が高く人手で行うには負担が大きく、よほどの覚悟が必要ですが、実行力の向上には外せないポイントになりますので、是非、工夫して取り組んで頂きたいと思います。

## 仕組み2　ＰＤＣＡサイクルをつくる

ＰＤＣＡサイクルとは、計画（Plan）を立て、実行（Do）し、確認（Check）し、改善（Act）するという継続的な改善手法です。

業務指示に照らし合わせると、次のようなイメージになります。

Plan：本部は、業務指示を作成し店舗へ依頼する
Do：店舗は、依頼された業務指示を実行する
Check：本部は、業務指示に対する実行結果を確認する
Act：本部は、実行結果からの気づきを元に、新たな業務改善を検討する

実行力向上に向け、ＰＤＣＡサイクルの構築が大切な理由は、「業務指示の投げっぱなし」を防ぐためです。業務指示を投げっぱなしにしておくと、間違いなく実行力は下がります。本部が店舗の実行状況をきちんと確認しないと、もともと実行力の低い店舗だけでなく、実行力の高い店舗も、まじめに実行することがバカバカしく感じ、徐々に実行力が低下していきます。

また、「業務指示の投げっぱなし」で終わってしまうと、ＰＤＣＡのCheck、Actの部分が行われない状況であるため、業務指示の効果を測定できない、測定しないということになります。業務指示を出すということは、何かしらの目的達成を期待していることだと思います。例えば、売上向上、利益向上、顧客満足度向上、事故・トラブルの回避、衛生環境の改善など、大なり小なり業務指示

には何らかの目的があります。Check、Actを行わないと、業務指示の目的の達成状況や効果が分からず、次回の改善にもつながりません。

この様にPDCAサイクルが機能しないと、実行力の低下のみでなく、効果測定ができないなど色々な問題が発生してくるため、自社においてPDCAサイクルのどこに問題があり、どこを解決するべきかを見極める必要があります。私たちの経験では、〝本部は業務指示を書いて店舗に依頼するまでが仕事〟というように、本部側が一方的に本部の役割を狭く規定してしまっていることが多いように思います。

実行力の高い企業は、〝業務指示を依頼した本部には、店舗に100％実行させる責任がある〟と考えています。店舗もまた、実行して終わりではなく、本部へ報告する責任があると考えています。

この様なケースでは、本部と店舗の責任範囲を明確にすることがPDCAサイクルを回すための第一歩になります。

そして、責任範囲を明確にすると、おそらく新たな問題が出てくると思います。例えば、店舗の実行状況を確認するのが、メールやＦＡＸ、電話などでは本部の負担が大きく、残業時間が増えてしまったとか、業務指示件数が多すぎてそもそも店舗で実行できないなどが明らかになってきます。これは、本部、店舗の責任を明確にしたことで、ＰＤＣＡサイクルの仕組みが一歩進化したことにより出てきた問題です。決して、恥ずべきことではありません。

出てきた新しい問題を解決するため、今まで使用しているシステムを見直すとか、業務指示の件数を見直すなどし、ＰＤＣＡサイクルを回すための仕組みを改善して行けばよいと思います。

昨今ＰＤＣＡサイクルを高速に回すことが、注目を浴びていますが、ＰＤＣＡサイクル自体回せない状態で、ＰＤＣＡサイクルを高速で回せといっている企業が多いのではないでしょうか。

まずは、ＰＤＣＡサイクルをきちんと回せる仕組みを構築し、その次に、ＰＤＣＡサイクルを高速で回す仕組みを作っていくという順番が必要です。

仕組み3

## 業務指示をテンプレート化する

実行力を上げるには、業務指示書のテンプレート（ひな形）を作成し、誰でも使いまわしできるようにすることで大きな効果が期待できます。

実行力の妨げになっている原因の一つとして、業務指示に期日が記入されていない、本部が求めているものを明確に記入していない、読み手ごとに理解が異なってしまう文章など、あいまいな業務指示が非常に多いということがわかっています。この様なあいまいな業務指示を無くすためにも、テンプレート化は効力を発揮します。

また、テンプレート化することで、業務指示をどの様に書くかなど一から考えなくて済むようになるため、本部業務の効率化にも役立ちます。

店舗側にとっても、書く人によって業務指示の書き方にバラツキがあるようでは、読み解くのにも時間がかかり非効率です。テンプレート化で業務指示のどこに何が書かれているかがいつも同じであれば、読み解きやすくなります。読み解きやすくなるということは、正しく理解されるということでもありますので、業務指示に対する実行ミスも減少します。

業務指示のテンプレート化を行う際のポイントの一つは、業務指示を書く際の重要事項が抜け漏れしないようにすることです。業務指示の重要事項としては、期日や優先度、期待する結果、実行後の報告の方法などになります。

これらの重要事項に関しては、記入欄を個別に設けるようにします。

二つ目のポイントとしては、矛盾したことを言うようですが多くのテンプレートを作りすぎないことです。よく業務指示の種類ごとにテンプレートを作成されている企業を見かけますが、これをすると運用がガチガチになってしまい、新しい業務指示が発生したときなどにアレンジしにくくなります。

理想は、一つの業務指示テンプレートで、どんな業務指示にも対応できるようにすることです。

例えば次頁のようなテンプレートです。

**タイトル：**
**優先順位：**
**開始日時：**
**期限日時：**
**目的：**
**依頼事項①：**
依頼事項①で期待する結果：
依頼事項①に対する報告方法：
**依頼事項②：**
依頼事項②で期待する結果：
依頼事項②に対する報告方法：
**依頼事項③：**
依頼事項③で期待する結果：
依頼事項③に対する報告方法：

このくらいシンプルなものであれば、あらゆる業務指示にアレンジでき、かつ効果的です。

注意点としては、テンプレートは全ての人が同じように使用するからこそ効果が高まるものですが、なかには独自にカスタマイズされる方が出てきます。その人は、より効果的と思ってカスタマイズするので悪気はないのですが、単独で行ってしまっては全体の効果が弱まってしまいますので、この点は注意が必要です。全体最適化を目指すことが重要です。

多少話がずれますが、業務指示の装飾についても触れておきたいと思います。業務指示の装飾とは、文字の大きさや色、図や写真などを駆使した業務指示のことです。

業務指示のなかには、かなりの時間を割いて作成されたと思われるような見栄えの良いものを見かけることがあります。作成された方は、店舗スタッフのことを思い一生懸命作成されたのだと思いますが、費用対効果を考えたときに、正しい策なのかは疑問があります。その理由としては、店舗には毎日複数の業務指示が入ってきます。その中で優先順位を付けて順番に実行していくことになりますが、装飾を施した業務指示と、装飾を施していない業務指示では、業務指示の内容に関係なく心理的に前者のほうが優先されてしまう可能性があり、店舗運営を俯瞰的に考えると好ましくない行動になります。

また、業務指示の費用対効果を考えたときに、装飾を施すことがどれだけ効果的かということです。

もし、装飾を行いたいのであれば、全ての業務指示において、どういうルールで装飾すべきかを明確にし、業務指示を書かれる方全員が同じように行うべきだと思います。

## 仕組み4　業務指示をスリム化する

業務指示のスリム化とは、業務指示の件数を減らすということです。実行力が低い3大原因の一つである、業務指示件数が多すぎるという問題への対応になります。
業務指示件数が多いというのは、店舗のキャパシティと比べ、店舗で実行しきれない量の業務指示が出ているということになりますが、キャパシティ内であっても効果が薄い無駄な業務指示が入り混じっているケースもあるため、スリム化する必要があります。

実際、多くのチェーンストア企業では、業務指示のスリム化のために、色々と取り組みをされていると思いますが、思うように改善できていないようです。
そもそも、なぜ業務指示の量が増えてしまうのでしょうか？　それは、業務指示を出す側、つまり本部の社員にとっては、業務指示を書いて出すこと自体が仕事であり、会社に貢献したいがために一生懸命業務指示を出しているのだと思います。しかも、物理的に離れている店舗の忙しさは、本部には分からないため、ブレーキもかかりづらい状況にあります。これが、スリム化が進まない根本的な原因になっています。

とは言え、店舗のキャパシティを超え、物理的に実行しきれない量の業務指示は改善しなければなりません。店舗毎のキャパシティには差がありますので、実行しきれない業務指示の量となると、店舗毎に実行量のバラツキが生じ、ブランドの統一感が失われてしまう恐れがあります。

スリム化の第一歩は、前章でも触れましたが、業務指示の「見える化」を行うことです。どのくらいの量の業務指示が出ているのか、どのくらい実行されているのかという現状を正しく把握することです。

業務指示の「見える化」により状況が把握できましたら、やっと業務指示のスリム化に入りますが、スリム化として最初に行うのは、無駄な業務指示の削減です。店舗に出される業務指示の多くは効果的なものですが、それでもいくつかは、あまり効果が期待できない、いわゆる無駄な業務指示というものが存在します。

よくある無駄な業務指示は、前に配信された業務指示に対する催促の業務指示です。業務指示を扱うツールの問題も大きいのですが、既に実行している店舗にも催促の業務指示が出されているケースもあります。

他には、以前は効果があったが、今となってはあまり効果が無いと思われる業務指示などもあります。特に、恒例行事化してしまっている業務指示などは、よく考えずに配信してしまう傾向にありますので注意が必要です。

無駄な業務指示を削減しても店舗のキャパシティ以上の業務指示の量がある場合は、効果が期待できる業務指示の削減に取り組むことになります。効果が期待できる業務指示を削減するのは、非常にハードルが高いので、目標を決めて徐々に削減していく必要があります。急いで無理な削減をすると、本部も店舗の必要以上に混乱し、本当に大事な業務指示を削減してしまうなどというミスにつながる恐れがあります。一概には言えませんが、半年で5%~10%くらいの削減を目標に進められることをお薦めします。

実際、実行すれば効果が期待できる業務指示を削減する方法としては、業務指示の優先順位を鑑み配信承認を行うか、そもそも業務指示を出さなくてよい仕組みを構築するという2つの方法があります。

業務指示の配信承認とは、業務指示の配信前に、承認者を置き、承認されないと業務指示が店舗に配信できないようにするというものです。

業務指示の配信承認は、権限を持ち合わせていない人が担当になると業務指示のスリム化にはつながりませんので、それなりの権限を持った責任者が行うか、担当者に権限を明確に任命する必要があります。

業務指示を出さなくて良い仕組みとは、例えば、月に1回店舗の床のワックスがけをする業務指示を出していたとします。これに対し店舗の床のタイルを、汚れにくい素材に変更し、3ヶ月に1回のワックスがけですむということになれば、業務指示の件数も減らすことができます。この様なものが、業務指示を出さなくても良い仕組みというものになります。

この様に業務指示のスリム化をする上でのポイントは、スリム化を急ぎすぎないで計画的に徐々に行うということです。

## 仕組み5 実行力（数値）で評価する

実行力で店舗を評価するというアイデアは、私たちのお客様から教えて頂いたアイデアです。理由を伺うと、店舗の評価は、店舗の売上額で評価されることが多く、評価指標としてはとても強烈なものだそうです。強烈であるがゆえに、売上上位の店舗で働くこと自体が、店長や店舗スタッフにとって大きなモチベーションになったりしますが、売上上位に入らない多くの店舗ではモチベーションアップに繋がらないとのことです。そこで、売上とは違う評価指標として実行力を使ったところ、店長や店舗スタッフのモチベーションアップにつながったとのことでした。

実行力を評価指標にするメリットは、公平さにあります。売上などは、店舗の立地や競合店の出現など、外部要因に大きく左右されるため、なかなか公平な比較は難しいのですが、実行したか、実行しなかったかは、あまり外部要因に影響されないため評価指標としてはとても適切です。そして、この公正さがあるからこそ、店舗スタッフは納得し頑張ることができ、また他の店舗店に対する健全な競争心が芽生え、更に実行力向上につながるのではないでしょうか。実際、実行力を評価指標にされている企業は、実行力が高い傾向にあります。

実行力で評価するには、実行力を数値化しなければなりませんが、実行力の算出はとてもシンプルです。ある期間に期限を迎える業務指示の件数に対し、期限内に実行された業務指示の件数をカウントして割合を算出します。例えば、先月に期限を迎える業務指示が150件あり、そのうち120件が期限内に実行されていたとした場合、実行力は80%（＝120÷150×100）となります。

大事なポイントは、〝期限内に完了した〟という点です。業務指示には賞味期限があります。賞味期限が切れたものは、実行しても効力が薄くなっているということになるため期限内に実行したかどうかが非常に重要です。

お客様のなかには、まれに重要な業務指示でのみ実行力を算出したいと言われる方がおられますが、それでは重要度の低い業務指示は無視してよいと店舗に伝えているのと同じことであり、仮に無視して良いほどの業務指示であれば、本部はそんな業務指示を出さないようにすべきであります。

店舗評価においては、業務指示の重要度に関係なく、全ての業務指示を対象に実行力を算出するようにして下さい。

実行力を数値化したら、本部や店舗スタッフ全員に全店舗の実行力を公開し、比較できるようにします。実際に実行力で店舗を比較すると、実行力が低い店舗に関しては、皆さん「やはりな!!」と納得されますが、今まで店舗売上などでは目立たなかった店舗が、実行力上位にランクインしていることに気づき、とても驚かれます。

そして、もう一つ実行力を向上させるためのポイントがあります。それは、実行力上位にランクインされた店舗を称賛してあげることです。店舗毎の実行力比較を行うと、どうしても実行力の低い店舗に目が行き、発破をかけたくなるものですが、それ以上に実行力上位店舗を褒めてあげることで、会社の雰囲気が明るくなります。

以上、実行力の強い企業を作るのであれば、実行力での評価は必要不可欠な指標だと思います。

## 潜在能力が非常に高い日本の店舗スタッフ

我々がお客様の実行力アップの支援をさせて頂き、非常に驚いたことは、店舗スタッフの潜在能力が非常に高いということです。実行力を下げている原因をきちんと取り除いていけば、容易に実行力は80%以上になります。これは、本部の方もとても驚かれることです。

思い出してください。実行力を下げている原因は、「1　実行してもしなくても同じという空気」「2　物理的に実行できない量の業務指示」「3　曖昧な業務指示（業務指示の書き方）」で、どれも店舗スタッフの能力には関係のないものです。

これは、お世話になっている取引先の先輩から聞いた話なのですが、その方の奥さんが大手のチェーンストアで店舗スタッフとして働かれているそうです。

その先輩の奥さんが店舗スタッフとして働いていて、一番不満に思うのは「ちゃんと働いていることを見てくれていない」「評価してくれていない」ということだそうです。決して、仕事がきついとかということでは無いそうです。

つまり、店舗スタッフの多くは、潜在能力は高いが、評価されないので、能力を発揮していない。これが、店舗における現状ではないでしょうか。

実行力アップの仕組みを作るということは、実行力を明らかにすることでもあり、店舗スタッフの実行を評価することもできるようになるものです。今までの本部 - 店舗間における情報はブラックボックス化されており、どんな業務指示が出されているのか、どんな業務指示を実行しているのかが分かりませんでした。

また、実行力による評価は、もう一つ大きなメリットがあります。

多くのチェーンストア企業で行われている、店舗や売場の売上による結果評価では、店舗スタッフの実力とは別の要素（店舗の立地や、取り扱い商品がたまたまヒットしたときに担当だったとか、たまたま大口の顧客がきたなど）が入り込んでしまい、正しい評価になりません。

実行力であれば、店舗の立地や運不運などの要素が入り込まないため、店舗スタッフにとって納得感のある公平な評価方法ではないかと思います。

これから益々、人手不足の問題は深刻化してきます。店舗スタッフの採用も難しくなってきています。実行力アップの仕組みを作ることで、店舗スタッフの評価をきちんと行うことができ、優秀な店舗スタッフの離職率を下げることもできると思います。

仕組み6

## 業務指示に対するルール化を策定する

一人で業務指示を書いて店舗に配信している場合、ルール化は不要ですが、業務指示を書く人が二名以上になると、業務指示の書き方、出し方などにバラツキが発生します。例えば、業務指示をメールで出す人もいればFAXで出す人もいます。メールの本文に業務指示を書く人もいれば、業務指示を書いたファイルをメールに添付して出す人もいます。期限を長めに設定する人もいれば、短い人もいます。朝一番に業務指示を出す人もいれば、閉店間際に業務指示を出す人もいます。

表4−1 **業務指示ルール化のポイント**

| 担当 | ルール化ポイント | 説明 |
| --- | --- | --- |
| 本部 | 業務指示を出すツール | 人によって業務指示を出すツールがバラバラにならないよう、業務指示で使用するツールを決める。 |
| 本部 | 業務指示のタイトル | 業務指示のタイトルの付け方を決める。<br>例）緊急でないのに緊急などと付けないなど |
| 本部 | 業務指示の期限 | 緊急以外の業務指示の場合、最低どのくらいの期限を設けるべきかの基準を決める。<br>例）最低5日間は期限を設けることなど |
| 本部 | 業務指示に対する添付ファイルの扱い方 | 添付ファイルは付けてよいか、付ける場合はどの様な内容のものとするか決める。<br>例）添付ファイルは極力付けないようにする |
| 本部 | 業務指示の装飾 | 文字装飾を使用するのか、禁止するのか。文字装飾を使用する場合は、使用するフォントの大きさ、色などの使い方、それぞれのルールを明確にする。<br>例）文字の装飾は禁止とする |
| 本部 | 業務指示の配信タイミング | 業務指示の配信タイミングをいつにするか決める。<br>例）朝9:00までに指示を配信する |
| 本部 | 業務指示の数 | 部署単位などで、何通まで業務指示を配信して良いか決める。<br>例）1部署あたり1週間に3通まで |
| 本部 | 業務指示の承認 | 業務指示を配信する前に承認が必要か？ 必要な場合は、誰が承認するか決める。<br>例）業務指示を出す際は、各部の部長の承認を得ること |
| 本部 | 業務指示の確認 | 業務指示に対する店舗からの報告や、期限を超えても報告が無い場合、誰が責任をもって確認するか決める。<br>例）業務指示を出した者が、責任をもって確認すること |
| 店舗 | 実行責任者 | 業務指示に対する実行の責任者を決める。<br>例）店長を実行責任者とする |
| 店舗 | 業務指示の確認タイミング | 店舗スタッフが、どのタイミングで業務指示を確認するか決める。<br>例）9:30、12:00、15:00、18:00の4回確認すること |
| 店舗 | 業務指示の実行者 | 誰が業務指示を実行するか決める。<br>例）実行者は誰でも良いとする |
| 店舗 | 嘘の報告の禁止 | 嘘の実行報告は行わないと決める。 |

この様に業務指示にバラツキがあると、店舗にしわ寄せがいき、実行力の低下は勿論のこと、接客時間の減少、残業時間の増加の原因になってしまいます。

その為、業務指示のバラツキを無くすには、業務指示に対するルールを明確化し、遵守する必要があります。表4－1に業務指示のルール化を行う場合のポイントをあげておきましたのでご参考として下さい。

はじめてルール化される場合は、出来る範囲からスタートされることをお薦めします。そして、定期的にルールを見直し自社に合ったルールを作り上げましょう。

## 仕組み7　運用を決め定着化させる

仕組み6でルールを策定しましたが、このルールに従い運用されなければ意味がありません。そこで、ルールに沿った運用の定着化が必要になります。

運用ルールの定着化では、教育（トレーニング）が必須になります。教育は、関係する人全員に対し行わなければなりません。やり方は、集合研修方式でもよいですし、Ｗｅｂ会議システムを使ってリモートでおこなっても構いません。又は、e-learningシステムを利用しても良いと思います。

まず、大事なことは、これこれ、こういう目的で、こういうルールを作りました。だから、皆さん、このルールを守って業務指示を書いてください。と伝えることです。

伝える際のポイントとしては、ルールだけではなく、なぜこのルールを作ったのかという目的を伝えることです。目的を伝えることで、納得感が得られやすくなります。

教育を行う上で考慮すべきことは、一度では正しく伝わらないということと、社員や店舗のスタッフは定期的に入れ替わるという事実です。その為、一度、全員を集めて教育したから終わりではいけません。定期的に何度も教育を行ったり、新しく社員や店舗スタッフが入ったタイミングで教育したりする必要があります。

教育だけでうまくルールが定着すればよいのですが、もし、なかなか定着しないようであれば、追加策も必要になってきます。

ある企業では、業務指示をチェックする人を決め、ルールを守っていない業務指示は、配信されない仕組みにしていたり、ルールを守っているかどうかを人事評価に反映させたりしている企業もあります。ルールを守らなければ評価が下がるというやり方です。

もう1点、定着化において大事な点があります。それは、ルールは定期的に見直ししなければいけないということです。

最初、策定したルールが完璧ということはありません。仮に、完璧なルールを策定したとしても、それはその時だけのことであり、色々な環境の変化でルール変更が必要になってきます。

その為、できれば年に一度は、ルール自体が現状に合致しているか、関係者からのフィードバックを得つつ、改良していくことをお薦めします。

仕組み8

## 本部は覚悟をもって挑む

〝本部の覚悟〟とは、仕組みとは違うものかもしれませんが、実行力向上には欠かすことができない要素であるためあげさせて頂きます。

覚悟という言葉を調べてみますと仏教では〝迷いを去り道理を悟ること〟とありました。実行力を上げるためには、決めたことやルールを自ら守ること、ルールを守らない人がいたら見なかったふりをせず注意すること、課題がでてきたら面倒くさがらずに解決する、そして実行力100％が会社の風土になるまで継続して取り組むということが覚悟になります。

しかし、本部社員に覚悟をもって取り組めと言っただけでは、期待通りの結果は望めません。本部社員にしてみれば、本来の業務を抱えていますし、今までのやり方も体に染みついてしまっています。

そこで、覚悟も仕組み化する必要があります。例えば、業務指示を定期的にチェックし、運用ルールが守られているかパトロールするチームを設けてみてはどうでしょうか。専任チームを設けるのが難しいようであれば、クロスファンクショナルチームとして設けても良いと思います。チームを設けましたら、そのチームに適切な権限を与えて下さい。専任のチームや担当者を設けたが、適切な権限を与えていないばかりに、部門間の壁や上司の壁を気にして、ルールを守らない部署や社員を注意できずにいる企業をよく見かけます。

私たちのお客様（小売チェーン）に、業務指示を店舗に出す前にチェックを行う専任チームを設けている企業があります。このチームはもともと店舗のスタッフであった女性を中心に編成されており、どんな業務指示が店舗スタッフにとって負担になっているか経験をもって知っています。

この会社の素晴らしい点は、このチームに強い権限を与えているという点です。たとえ役職が高い人が書いた業務指示であってもおかしな点があれば、却下し書き直しをさせることが出来ます。却下された方は、頭に来て文句の一つも言ってくるケースもあると思いますが、店舗スタッフの負担を軽減するという全体最適化を目指すという使命感をもって徹底的にチェックしています。

このチームのおかげで、店舗スタッフの1カ月間の平均接客時間を8・5時間も増やすことができ、赤字体質だった企業を黒字化することができました。

これこそが、まさに本部の覚悟の表れなのではないかと思います。

チェーンストア企業の場合、店舗の実行力は本部の実行力以上になることはありません。店舗の実行力が低いからと、店舗に原因を求めるのではなく、まずは本部側に原因があるのではないかという発想の転換が必要です。

実行力100％の会社をつくるには時間も努力も必要ですが、きっとそれ以上の結果をもたらしてくれると思いますので、本部の方は覚悟をもって取り組んで下さい。

第5章

# 実行力100%プロジェクト

ここからは、実行力を上げるための具体的な進め方、つまりプロジェクトの立上げから、計画（現状分析）、実行（仕組み化、ルール化、定着化）、終結までについて紹介したいと思います。

以下は、我々の経験からプロジェクトを成功に導くための、具体的な要点を絞り込んでまとめてみました。企業によって、色々と事情は異なりますが、まずは要点をきっちり守ることで、成功率を高めることが出来ますので、ご参考下さい。

# 1 プロジェクトチームを立ち上げよう！

## 成功するプロジェクトチームを結成する

まず、認識しておいて頂きたいことは、会社および店舗の実行力を上げるということは、会社全体で取り組むプロジェクトであり、改革とも呼べるものであるということです。決して、一人で出来るものではありません。

実際に実行力100%を実現されている企業は、きちんとメンバーをアサインしプロジェクト化されています。そして、成功するプロジェクトチームに共通している要素は、影響力のある方を巻き込んでいるという点です。

この本を読んで頂き、「自社の実行力にも問題があるな」と感じ、あなた自らが改善すべく立ち上がったとします。つまり、あなたがプロジェクトの発起人であり、プロジェクトリーダーだとします。もしあなた自身が会社のトップであれば話は別ですが、そうでない場合、いくら実行力を上げようと孤軍奮闘されても、協力メンバーがいなければ成果を上げることは不可能です。そこで、最初に取り組むことは、「自社の実行力に問題があって、なんとしてでも改善したい」という想いに賛同してもらえる協力メンバーを集めることです。

協力メンバーには、この後、自社の現状分析や方針決め、関係者への説明、改善案実施時のフォローや調整など色々と動いて頂かなければなりません。その為、会社の規模にもよりますが少なくとも2名くらいは協力メンバーを集めたいところです。

協力メンバーには、店舗の売上責任を負われている主要部門の方が適任で、理想は主要部門責任者にメンバーに加わって頂くことです。それは、店舗の売上責任を負われている主要部門が、もっとも店舗とのやり取りが多く、実行力UPに困られているためです。可能であれば会社のトップ（社長）にも何らかのかたちで加わって頂きたいところです。

この様なポジションの方にプロジェクトメンバーとして加わって頂くことで、プロジェクトに対する本気度が関係者に伝わり、プロジェクトをスムーズに進められるようになります。

そうはいってもトップや部門責任者は忙しくて、参加することができないというケースもあるかと思います。その場合は、プロジェクトを現場へ展開するための説明会など要所要所で参加頂くことと、「常にこのプロジェクトのことを気にしているよ！」というメッセージを社員や店舗スタッフにアピールして頂くようお願いするのが良いと思います。

気にしているということをどの様にアピールするかというと、例えばトップの方であれば経営会議などで、毎回「いま実行力はどうなっている?」とひとこと言って頂ければよいだけです。トップのこのひとことは、とても効き目があります。

もし、プロジェクトを自らが進めるのではなく、あるメンバーに任せる場合は、そのメンバーに十分な権限を与えておく必要があります。メンバーに権限を与えていないため、プロジェクトが途中で頓挫してしまうということはよくあります。

このプロジェクト(以下、「実行力100%プロジェクト」)は、会社の改革であるという強い覚悟を持って、影響力の強いプロジェクトメンバーを是非集めてください。

## 【失敗談】情にほだされ立上げを急ぎすぎた失敗

250店舗を有する和食レストランA社の佐々木さんは、来年で定年を迎えるベテランで、退職する前にお世話になった自社に対し、もう一つ恩返しをしたいという想いで、弊社にお問い合わせを頂きました。

お話を聞くと、今まで順調に店舗数も増え成長してきたが、ここに来て成長が鈍化してきており、既存店舗の売上も落ちてきている。本部は対策として、新しいメニューの開発や、集客のためのイベントを矢継ぎ早に企画しているが、店舗への業務指示が多く、しかもバラバラに業務指示が届いており、店舗が混乱している。その為、本部の狙い通りの実行ができていないので何とかしたいという相談でした。

佐々木さんの想いに、弊社の営業担当も心が熱くなりました。何としても、この課題を解決できるよう支援しようと。

しかし、このプロジェクトは最初の段階で躓くことになってしまいました。

原因は、プロジェクトの立上げを急ぎすぎ、いきなり取締役や店舗運営の責任者に対し、プロジェクトの説明をして、その場で了承を得ようとしたためです。取締役や店舗運営の責任者にとっては、実行力の問題は感じてはいたが、それが経営にどんな影響を及ぼしているか、プロジェクトを立ち上げて改善するだけの意味があるのかなど、理解しきれていない部分があったためです。

後にして思うと、まずは同じ想いをもったメンバーを募り、自社の課題を事実ベースできちんと整理するという準備を怠ったのが失敗の原因ではないかと思います。

何とかしようという熱い想いはとても重要ですが、焦ってしまっては、ことは進みません。

想いが強いとどうしても前のめりになりがちですが、そういう時こそ、メンバー集め、根回しなどの事前の準備が必要です。

## プロジェクトの目的と目標を設定する

プロジェクトチームが結成されたら「実行力100％プロジェクト」の目的と目標を明確にしなければなりません。目的とは、実行力を高めて最終的に自社をどのようにしたいかです。例えば、店舗の売上向上、顧客満足度の向上などがあげられるかと思います。

最初は、業務指示の実行力向上がダイレクトに影響する目的を掲げられることをお薦めします。売上向上などは最終的な目的にはよいのですが、売上は、実行力以外にも、ライバルの状況、気候、近隣でのイベント、新商品など、色々な要素が絡んでくるため効果を評価するのが難しくなってしまいます。

次に目標を設定します。目標は、目的を達成するための中間指標です。例えば、店舗スタッフの残業時間削減、QSCの改善、品切れゼロなどがありますが、適切な目標が浮かばないようであれば、まずは「実行力100%」という目標を立てて頂ければと思います。

大事な点は、欲張って複数の目標を立てないということです。あまり多くの目標を立てると、目標同士がぶつかってしまうことがあります。

表5−1 **目的と目標の例**

| 企業 | 目的 | 目標 |
|---|---|---|
| 小売り系チェーンストア | 来店頂いたお客様に声をかけ、重点商品の紹介をすることで売上UPを狙う | 声掛け100%実行 |
| 飲食系チェーンストア | 閉店後、ガス栓などの火元を確実に閉め、店舗オーナーへの罰則金を¥0にする | 閉店後、ガス栓を100%閉める |
| 飲食系チェーンストア | 顧客からのクレーム数削減 | 衛生管理項目の100%事項 |
| フィットネスチェーンストア | 店舗毎のブランドイメージの統一 | 店舗内の写真を撮り、毎日本部に報告する |

例えば、実行力100%と、スタッフの残業時間削減を掲げたとした場合、この業務指示をやらないと100%実行にならないが、実行していると残業時間が増えてしまうといった現象です。また、目標に優先順位がついていれば良いのですが、この様に相反した結果を招く恐れがある場合、得てしてどちらも達成できないという結果になりがちです。その為にも、目標は原則一つに絞り込み、クリアできたら、その上に新しい次の目標を立ててクリアしていくというように、一つ一つ石段を築き上げるイメージで目標設定されることをお薦めします（表5－1）。

## プロジェクト成功のために考慮しておくべき点

ここでは、「実行力100%プロジェクト」を滞りなく進めるために、事前に押さえておくべき3つのことについてお話ししたいと思います。

1つ目は、プロジェクトのスコープ（対象範囲）です。スコープにも色々ありますが、まずは、どの業務に対するものかを決めなければなりません。単に、実行力を改善するだけでは、人によって商品開発の実行力を上げるのか、店舗からの相談に対する回答の実行力を上げるのかなど、想定する範囲がバラバラになってしまいます。

「実行力100%プロジェクト」の場合、スコープは、「本部から店舗に出される業務指示に対する実行力」になります。本部から店舗に出される業務指示に対する実行力は、チェーンストア企業にとって最も重要な課題であり、多くある業務のなかでも最初に押さえておくべきものだと思います。

次に押さえておくべきスコープは、組織です。特に、アパレルや飲食などのように、ブランドを多く持たれているチェーンストア企業の場合、スコープを一部のブランド店舗だけにするのか、全ブランド店にするかも決めておきたいところです。

一部のブランド店舗を対象範囲とした場合は、他のブランドと業務指示の運用が異なってきますので、例えば全ブランド店舗を対象とした業務指示を本部から出す際など、本部の負担が増えることもあるので注意が必要です。

2つ目は、制約条件についてです。「実行力100%プロジェクト」の制約条件を検討する場合、最低でも予算と期間は押さえておくべきです。
予算に応じて、実行力を上げる仕組みづくり（新しいシステムを購入するなど）が異なってきますので、余裕のある予算を用意したいところです。プロジェクト発足時においては、予算が決まっていないことが多いと思いますが、どのくらいの予算を確保しておきたいかは、早い段階で決めておくとよいでしょう。

通常、予算は企画を申請して承認されるかたちで決まり、予算の算出には費用対効果が使われることが多いと思います。費用対効果の算出では、業務改善により削減された作業時間と、作業員の時間単価を掛け、〇〇円分の効果がありますという計算をされると思います。この算出方法が悪いわけではありませんが、「実行力１００％プロジェクト」の場合、実行力が上がることによる店舗売上への貢献度や、機会損失の削減効果なども算出されると良いと思います。業績は、戦略×実行力で計算できますので、戦略が同じなら実行力が上がった分だけ業績も上がります。

制約条件の二つ目としては、プロジェクトの期間についてです。プロジェクトメンバーはメインの業務を持たれていると思いますので、あまり長くプロジェクトにかかわることは難しいと思いますので、期間を明確にしておくことが重要です。企業によっては、繁忙期には本部社員も店舗の手伝いで駆り出されてしまうこともありますので、いつ頃ならプロジェクトに集中できるかという点を押さえておきたいところです。

3つ目は、プロジェクトのリスク要因についてです。リスクとは、「実行力100%プロジェクト」の進行を妨げる、又は行えなくしてしまう要因のことです。

考えればいくらでもリスクとしてあげられますが、私たちの経験上よくあるリスクは、メンバーがメイン業務や店舗支援で駆り出されてしまいプロジェクトが一時的にストップしてしまうことです。

メンバーが駆り出されないようにするためにも、メンバーが所属する部署の上司などに「実行力100%プロジェクト」の重要性を事前に伝えておき、協力を仰ぐなどの対策が必要です。

以上のスコープ、制約条件、リスクを事前に洗い出し、万全の準備でプロジェクトに挑めば成功の確率も高まりますので、面倒くさがらず取り組んで下さい。

## ステークホルダーを把握しよう

ステークホルダーとは、「実行力100%プロジェクト」により影響を受ける利害関係者になります。ステークホルダーを把握しておかないと、肝心な情報が伝わっていなかったなどプロジェクトの妨げになるような問題が発生してしまう危険性があります。

「実行力100%プロジェクト」の場合、本部と店舗で実際に業務指示にかかわっている方になりますので、基本はほとんどの人が該当するのではないかと思います。

その中でも、特に重要なステークホルダーは、店舗スタッフ、エリアマネージャー、本部で業務指示を出す方々になります。

また、「実行力100%プロジェクト」を通じて、システムの入れ替えや、改良を視野に入れられている場合は、情報システムの方にも協力して頂く必要が出てきますので、重要なステークホルダーになります。

重要なステークホルダーに事前説明をしていなかったばかりに、プロジェクトが頓挫してしまったり、ひっくり返ってしまったりということはよくあることですので、ことさら注意が必要です。

**【失敗談】複数ブランドは注意**

複数のブランドを有する大手アパレル企業の担当者と、一つのブランドに絞り業務指示の実行力UPをするプロジェクトを企画していたときの話です。全ブランドを最初から対象にするとプロジェクトが大きくなりすぎるため、まずはスモールスタートできるようスコープを絞り一つのブランドに絞ってプロジェクトの企画を進めていました。

店舗での課題点を明確にし、具体的な対策も詰め、諸々の準備を整え、本部の関係者にプレゼンをしたときです。

この対策では、本部の負担が大きくなりすぎるという、予想もしなかったとても強い反対意見があがりました。

原因は、本部の一部の部署はブランドごとには分かれておらず、1つの部署が複数のブランドを担当していたためです。その部署にとっては、全ブランドに対する同じ内容の業務指示にも関わらず、別途プロジェクトの対象となっているブランドには業務指示を書きなおさなければいけなくなり、負担が倍になってしまうためです。

なんとも初歩的なミスをおかしてしまったのですが、今では必ず本部側の組織構成を確認するようになりました。

## 2 — 自社の現状を把握しよう!

前項では、プロジェクトチームを発足させ、目的、目標を共有し、プロジェクトのスコープ、制約条件、リスクを洗い出し、ステークホルダーを明確にしました。

次は、「実行力100%プロジェクト」の目標を達成するために、現状分析を行っていきます。

ここでは、現状分析の具体的な実施方法についてご紹介したいと思います。

## 現状分析を行う目的

現状分析を行う目的は、「実行力100%プロジェクト」の必要性を明確にし、決裁者を含めステークホルダーの方々に事実ベースの情報を提供し客観的に判断して頂くことです。

業務指示の100%実行という目標は、人によっては出来ていて当たり前のことと捉えられているため、わざわざプロジェクトなどという大げさなことをしなくても、心がけ一つで解決できるという認識を持たれている方もいます。この様な方には、100%実行しなければいけないという認識はありますが、なぜ100%実行できないのかということを理解して頂く必要があります。

もう一つの目的としては、プロジェクトの実行・検証フェーズにおいて改善の進み具合を測る指標にするためにあります。プロジェクトを実行し、40％しかなかった実行力が60％、80％などと上がっていけば、ステークホルダーのモチベーションもあがります。うまく指標を使えば、改善のスピードも上げることが出来るようになります。

あるお客様では、各店舗における実行力を数値化し競わせることで、改革スピードを著しくあげられています。

改善がきちんと進んでいるということを提示できないプロジェクトは、遅かれ早かれ頓挫してしまうものです。

では、実際に現状分析の目的に必要な情報を把握していきたいと思います。現状分析をするうえで、経験上、最低でも押さえておきたい情報は、次の4点になります。

①どんなツールを使って業務指示を出しているか？
②業務指示は店舗にどのくらいの件数出ているか？
③どんな業務指示が出されているか？

④業務指示はどのくらい実行されているか？

この4点については、以下で詳しく解説させて頂きます。

## ①どんなツールを使って業務指示を出しているか？

現状分析の初めの一歩として、どんなツールを利用して業務指示を本部から店舗に、又はエリアマネージャーから店舗へ出されているか把握していきましょう。

IT化が進んだおかげで、本部と店舗の間には多種多様なツールを使って日々情報のやり取りがされています。

業務指示に関連するツールだけでも、メール、グループウェア、メッセージングツール（SNS）、その他にも昔から利用されている電話、FAX、POSレジシステムなどがあります。

1つのツールだけで業務指示を出しているというのは少数派で、多くの企業では複数のツールを利用して店舗に業務指示を出されていると思われます。
しかも、会社の許可を取らずに無料のメッセージングツール（ＳＮＳ）を利用しているという企業も多くあると思います。

少し余談になりますが、無料のメッセージングツール（ＳＮＳ）は、プライベートで利用されている方も多いため、自然発生的に業務指示を出すツールになってしまっているのではないでしょうか。会社として許可されていない、いわゆる野良システムと言われるものですが、店舗スタッフの退職に伴う情報漏洩や、プライベートのアカウント情報が共有されることに抵抗を感じる店舗スタッフも少なからずおられますので店舗スタッフの定着という点においても問題があります。

業務指示にどんなツールが利用されているか分析することにより、誰が、どんな業務指示を、どんなツールを使って出されているか把握することができます。
我々の経験では、本部からはメール、グループウェア、電話、ＦＡＸ、エリアマネージャーからは電話やメッセージングツール（ＳＮＳ）など、複数のツールが使われており、このことが実行力の妨げになっている大きな要因でもあります。

業務指示に利用されているツールの状況と同時に、そのツールの特長についても理解を深めておくと良いと思います。ツールには、それぞれの良し悪しがありますので、今後業務指示を出すツールを絞っていく際にも是非覚えておいて頂きたい点です。以降に、業務指示を出すという観点で、各ツールのメリットとデメリットをまとめておきましたので、参考にして下さい。

## 覚えておこう メールのメリットとデメリット

メールは最も普及しているツールであるため、業務指示に一番多く利用されています。

メリットとしては、なんといっても気軽に業務指示が出せるという点です。宛先も設定でき、添付ファイルも付けられ、文字の装飾などもでき、やり取りもできますので、非常に柔軟なツールと言えます。

デメリットとしては、業務指示の全体像が見えないことです。例えば、今、店舗にどれだけの量の業務指示が出されているか、誰がどんな業務指示を出しているかがわかりません。CC機能を利用することである程度は解決できますが、すべての人にCCを出すのは現実的ではありません。また、業務指示に対する実行状況を把握したいため、業務指示への返信を店舗に依頼した場合、店舗数が多くなるほど、どの店舗から返信があったのか、未返信の店舗はどこかなど、進捗状況を把握するには負担が大きく不向きです。

その為、業務指示は出すが、実行状況は確認しないという〝業務指示の投げっぱなし〟現象の大きな原因になっています。

また、店舗は複数人で1台のパソコンを使わざるを得ないため、受信したメールをどのフォルダーへ移動するとか、どのメールの業務指示を実行したのかなど、管理が非常に煩雑になりやすい傾向があります。

## 覚えておこう グループウェアのメリットとデメリット

メリットは、機能が豊富で情報を整理して共有できるという点です。グループウェアには、カレンダー機能、掲示板機能、ファイルライブラリ（書庫）機能、アンケート機能などが一般的に備わっており、利用目的に合わせて機能を使い分けられるようになっています。

その中でも、業務指示でよく利用されるのは、掲示板機能です。掲示板機能では、公開日の設定、公開範囲の設定、未読既読の確認、ファイルの添付などが一般的に行えます。

デメリットとしては、登録した業務指示に対し、店舗からの回答ができないため、メール同様〝業務指示の投げっぱなし〟が発生してしまうことです。業務指示の実行力を高めようとした場合、これは致命的です。

店舗スタッフにとっては、機能が多すぎるという点も大きな負担になっています。特に店舗スタッフの入れ替わりが多い店舗では、操作教育もままならないことが多く、正しく使いこなせない状況に陥ってしまっています。

## 覚えておこう　メッセージングツール（SNS）のメリットとデメリット

メッセージングツールのメリットは、なんといっても気軽に直観的にやり取りができる点です。

メールでは、最初に「お疲れ様です。」を付けないといけないなど暗黙のルールがありますが、メッセージングツールの場合、もっとフランクにやり取りすることができます。
また、プライベートでも多くの人が利用しているため、操作方法を知っているということも大きなメリットです。

デメリットは、フランクにやり取りができる反面、業務指示のやり取りをしている最中に、別の会話が入ってきて、脱線してしまったりします。特に店舗数が多く、1つの会議室（グループ）でやり取りすると、頻繁に脱線するだけでなく、業務指示に対する進捗も管理しづらくなってしまいます。

また、野良システムとして、会社が管理している正式なツールの外で利用されているケースも多く見受けられ、退職した店舗スタッフがやり取りが出来てしまい情報漏洩のリスクを高めています。プライベートで使用されているメッセージングツールを使っている場合、プライベートのアカウントの利用を強要されるため店舗スタッフの離職理由になってしまうなどの危険性もあります。

メッセージングツール（ＳＮＳ）は、コミュニケーションを行うには優れたツールですが、業務指示の実行力を上げるという点は、やはり問題があります。

## 覚えておこう　電話のメリットとデメリット

電話のメリットは、特定の人と直接会話ができるという点です。その為、緊急性の高い業務指示を伝えるときに特に威力を発揮します。

デメリットとしては、店舗スタッフが接客で忙しいときでも、呼び出してしまうため、お構いなしに時間を奪ってしまう点です。また、どの様な業務指示を話したかなどの記録が残らないのも問題で、〝言った、言わない〟などのトラブルにつながる可能性があります。

## 覚えておこう　ＦＡＸのメリットとデメリット

ＦＡＸの場合、最近では他のツールにおされメリットが薄れつつありますが、メリットとしては手書きで情報を送れるということかと思います。

デメリットは、紙でやり取りを行うため、本部も店舗でも印刷された紙の管理が大変なことと、データの集計を行う場合、再度、Excelなどに書き写さないといけないという点です。

その為、FAXも「業務指示の投げっぱなし」を招いてしまう要因にもなっています。

また、withコロナ禍においては、紙の管理は衛生面でも避けたいところです。

## 覚えておこう POSレジシステムのメリットとデメリット

POSレジシステムで業務指示のやり取りを行う場合、メリットとしては会計のときに必ず店舗スタッフが触るということでしょうか。コンビニなどでは、ある金額以上購入されたお客様に、特典をお渡しするというサービスを行っていますが、この様なケースは実行の漏れを無くすうえで効果的です。

デメリットは、POSレジシステムであるがゆえ、接客中は確認が難しいという点です。その為、基本的に業務指示には不向きなツールと思われます。

## ②業務指示は店舗にどのくらいの件数が出ているか？

ツールが特定できたら、店舗に出ている業務指示の件数を把握する番です。ツールによっては、記録が残らないので件数を把握することができないものもありますが、工夫することである程度の件数を想定することはできます。

メールの場合であれば、店舗に設置されているパソコンに入っているメールの受信BOXを覗けばおおよその件数をつかむことができます。業務指示の出し手側である本部社員に確認するよりも簡単に現実を把握することができます。また、店舗スタッフにヒアリングしても良いと思います。大事なことはおおよその件数を把握することで、厳密に件数を把握することではありません。

我々の経験では、1店舗に対し出される業務指示の件数は、1週間に5件～100件と、企業により驚くほど大きな差があります。特に業務指示が多いのは小売業で、飲食業やその他のサービス業に比べとても業務指示件数が多い傾向にあります。

業務指示の件数を把握するうえで、業務指示全体の件数を把握すると同時に、どの部署がどのくらい業務指示を出しているかも確認してみてください。
一般的には、商品部、店舗運営部、営業部といった部署が、店舗に対して多く業務指示を出されています。

## ③どんな業務指示が出されているか？

3つ目の現状分析は、どんな業務指示が出されているかです。つまり、業務指示の中身の分析になります。店舗に届いたメールや、FAX、グループウェアの掲示板などに書かれた業務指示を半年分くらいは集め、分析を行っていきます。

ここでは、業務指示の内容が戦略的に正しいか正しくないかという視点よりも、実行力を高めるという観点から、店舗スタッフにとって分かりやすい文面になっているかという点が重要です。

業務指示の分かりやすさについては、次の5つの視点で調査されると良いと思います。

（1）期限が明記されているか？
（2）適切な期限になっているか？
（3）実行しなければいけないこと（依頼事項）が何件あるか？
（4）回答形式は明確になっているか？
（5）回答の報告手段は明確になっているか？

「（1）期限が明記されているか？」は、実行してほしい期限日時が明記されているか、明記されていないかをチェックして下さい。

「（2）適切な期限になっているか？」は、業務指示が伝えられた日から期限日時までの期間がどれくらいかということです。期限が短い場合は、店舗スタッフの負担になるため実行力低下の原因になります。期限が長すぎるのも、後回しにされ忘れられてしまう可能性が高まり実行力低下の原因となります。

「(3)実行しなければいけないこと(依頼事項)が何件あるか?」は、1つの業務指示の中に実行してほしいことが何件書かれているかということです。業務指示自体は1件でも、やってほしいこと(依頼事項)が複数あれば、それだけ複雑な業務指示となります。ひどい業務指示になると、読み手に取ってやってほしいこと(依頼事項)が何件書かれているか読み手によって判断が異なるというものもあります。

「(4)回答形式は明確になっているか?」は、本部に回答しなければいけない業務指示の場合、数値で回答したらよいのか、コメントで回答したらよいのか、又はYES/NOで回答したらよいのかなどの回答形式が明確になっているかです。

回答形式が明確になっていない場合、店舗スタッフは何を求められているか分かりませんし、本部(出し手)にとっても回答がバラバラな形式で届き、集計ができなくなってしまうので問題です。

「(5)回答の報告手段は明確になっているか?」は、回答はメールで返信すればよいのか、FA

Xすればよいのか、電話で伝えればよいのかなどの報告手段が明記されているかという点です。

これらの情報は、書かれていなくても経験豊かな店舗スタッフには分かるのかもしれませんが、それに甘えていては、実行力は決して上がりません。まして、新人の店舗スタッフには全く理解できない業務指示になってしまいます。これら業務指示の書き方を変えるだけでも実行力は向上するものです。

## ④業務指示はどのくらい実行されているか？

どのくらいの業務指示が実行されているかは、なかなか正確に調査するのは難しいと思います。どうしても難しい場合は、定性的なものでも構いません。

ちなみに、実行力１００％という企業は、ほんの一握りの企業しかなく、多くのチェーンストアにおける実行力は40％程度です。

定性的な調査で押さえておきたい点は、業務指示を実行しなかったことによりどんな問題が発生しているかという点です。より具体的なエピソードを集めてください。このエピソードは「実行力100%プロジェクト」を進めるうえで、明確な改善ポイントになるためプロジェクトの提案、関係者への説得や改善状況を測るときに役立ちます。

例えば、キャンペーンの開始時間にも関わらずキャンペーンの準備が整っていなかったため、来店されたお客様が帰ってしまった。

価格が変わったにも関わらず、値札の付け替えが行われておらず、レジでお客様に謝ることになってしまった。

新しいオペレーションの業務指示を見過ごしていて、店舗オペレーションが混乱してしまった。

このような、小さなことでも良いのでできるだけ多くのエピソードを集めてみてください。

実際、ある飲食業をされている企業では、開店前のクリンネスに関する業務指示をきっちり実行できていなかったことにより、顧客満足度が下がっていました。そこで、顧客満足度の回復を目標に、開店前クリンネスの実行力を上げ顧客満足度を上げることに取り組まれ、お客様からのクレーム数が減り顧客満足度を上げることができました。実行力と顧客満足度、売上などは密接につながっています。

これらの調査は面倒かもしれませんが、実行力ＵＰに向けた改善ポイントを見つけるうえでも頑張って取り組んでみてください。

## 現状分析で注意すること

現状分析は、「実行力１００％プロジェクト」を進めるうえで非常に重要な作業です。できるだけ正確に、詳細を多く集めたいところです。

しかし、現状分析がプロジェクトの目的ではありませんので、ある程度おおまかに現状が把握できたらよしとしてください。

現状分析に時間をかけるあまり、プロジェクトの目的を見失ってしまったり、メンバーの士気が落ちてしまったりしては意味がありません。

## 実行力が低い原因を考察する

業務指示に関する現状分析を終え、どんなツールを使って業務指示を出しているのか、店舗には何件の業務指示が出されているのか、業務指示の内容は分かりやすいのか分かりづらいのか、そしてこれらの業務指示はどのくらい実行されているのかということが把握できたと思います。

そこで、実行力が低い原因を考察していきます。その際、現状分析を行う過程で見つかった課題を、次のような大分類別に書き出すことで真の原因を見つけやすくなります。

1　実行してもしなくても同じという空気
2　物理的に実行できない量の業務指示

3　曖昧な業務指示
4　その他

表5－2は、我々の経験からよく見かけられる課題と、その課題に対する原因をまとめた表です。多くの企業では、次の原因のどれもが大なり小なり当てはまると思います。

・業務指示を出すツールが統一されていない
・業務指示の実行状況を確認するには本部の負担が大きい
・業務指示の配信ルールがない
・業務指示の書き方がルール化されていない
・適切なツールで運用されていない

自社の実行力に対する現状と、実行力が低い原因を明らかにしましたら、具体的な解決策を考えていきたいと思います。

表5−2 実行力UPに向けた課題と原因

| 大分類 | 課題 | 原因 |
|---|---|---|
| 1. 実行してもしなくても同じという空気 | 1 業務指示が投げっぱなしになっている。<br>2 業務指示の出し手を見て、実行されている。 | A) 店舗数が多く実行状況まで本部は確認しきれない。その為、店舗は確認しないのならやらなくても良いと感じているため。 |
| 2. 物理的に実行できない量の業務指示 | 1 業務指示の件数が多い、又は期限が短いため、未実施のまま期限切れになっている。 | A) 複数のツールで業務指示が出されているため。<br>B) 店舗の負担状況が分からず業務指示の配信が調整されないため。<br>C) 業務指示の配信における優先順位付けのルールがないため。 |
| 3. 曖昧な業務指示 | 1 指示が分かりづらい。<br>2 1つの業務指示に多くの指示が含まれている。<br>3 期限、回答形式、報告手段などが未記入。 | A) ルール化された業務指示の書き方やフォーマットがないため。<br>B) 業務指示の書き方に関する教育がされていないため。 |
| 4. その他 | 1 ツール自体が使いづらい。使い方が分からない。 | A) 業務指示の実行力UPとは違う目的のツールで運用されているため。<br>B) ツールが複雑で教育が必要だが手が回っていないため。 |

## 3 ― 実行力100%の仕組みを作る

ここからは、実行力100%の仕組み化についてお話ししたいと思います。

仕組み化というと、機械やシステムを導入するようなイメージを持たれる方もおられますが、ここでは運用ルールを策定するというのが一番近いイメージになるかと思います。

さて、前項で現状分析を行ってきましたが、そこで明らかになった課題と原因に対する解決方法を運用ルールというかたちに整理していきたいと思います。また、現状分析により明らかになった課題への対策だけでなく、実行力100%に必要な基本的な考え方も運用ルールというかたちで盛り込ませて頂きました。

きっと、この基本的な運用ルール（考え方）を固めることにより、新しいツールの導入や組織変更に対する要求が明確になります。

運用ルールの策定については、「1　業務指示全体にかかわる運用ルール」、「2　本部社員が守るべきルール」、「3　店舗スタッフが守るべきルール」の3つに加え、「業務指示の書き方に関するルール」という4つのルールについて、ご説明したいと思います。実際に自社に合った運用ルールを作成する際の参考になるように、できるだけ具体例を交えておきました（図5－1）。

運用ルールが整理されましたら、どの様にしてこの運用ルールを組織に根付かせられるかという点についてもポイントを紹介させて頂きます。

では、「業務指示全体にかかわる運用ルール」から見ていきましょう。

図5－1 運用ルールの策定

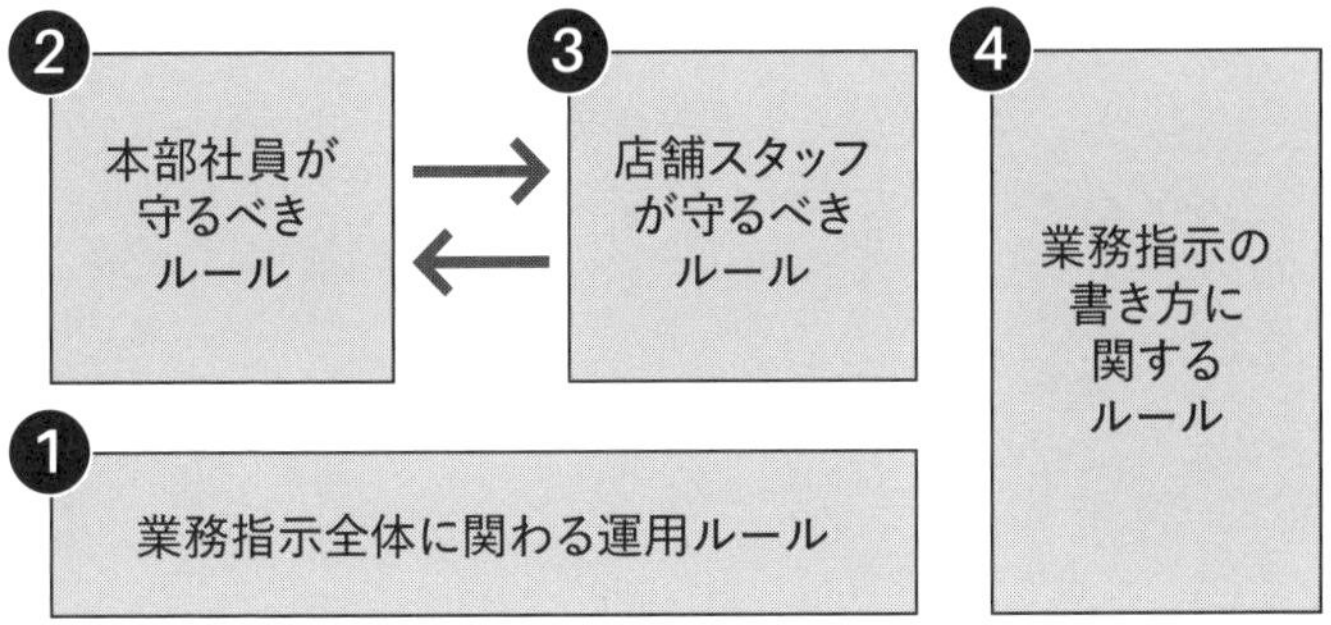

## ①業務指示全体にかかわる運用ルール

### 業務指示を出すシステムを1つに絞る

業務指示に関する現状を把握した段階で、おそらく、こんなにも色々なツールで業務指示が出されていたのかと驚かれたかと思います。

ツールが増えるほど、店舗スタッフにとっては確認しなければいけないものが増えることになりますので、負担でしかありません。そして、複数のツールで業務指示を出すことにより、何より業務指示の全体像、例えば、本社から店舗に何件の業務指示が出されているかが把握できません。そこで、ツールを一本に絞りこむことが非常に重要になります。

しかし、実際問題として、メール、グループウェア、メッセージングツール（ＳＮＳ）、電話、ＦＡＸなど、ツールには、それぞれのメリットがあり、なかなか絞り切れないことも多いと思います。

その様な場合は、図5－2のように情報の重要度（実行が伴うものは重要度高、実行が伴わないものは重要度低）と、宛先（店舗スタッフ宛か個人宛か）という2軸でツールを分類し、それぞれに対し、どのツールが業務指示のツールとして適しているか見極めては如何でしょうか？

縦軸の〝情報の重要性〟は、上側が「実行が伴う重要なもの」、下側が「実行が不要で、重要度はさほど高くないもの」です。横軸は宛先になり、左側が「個人宛」、右側が「店舗スタッフ全員宛のもの」となります。チェーンストア企業において最も重要な領域は、右上になり

図5−2 情報の重要性と宛先のマトリクス

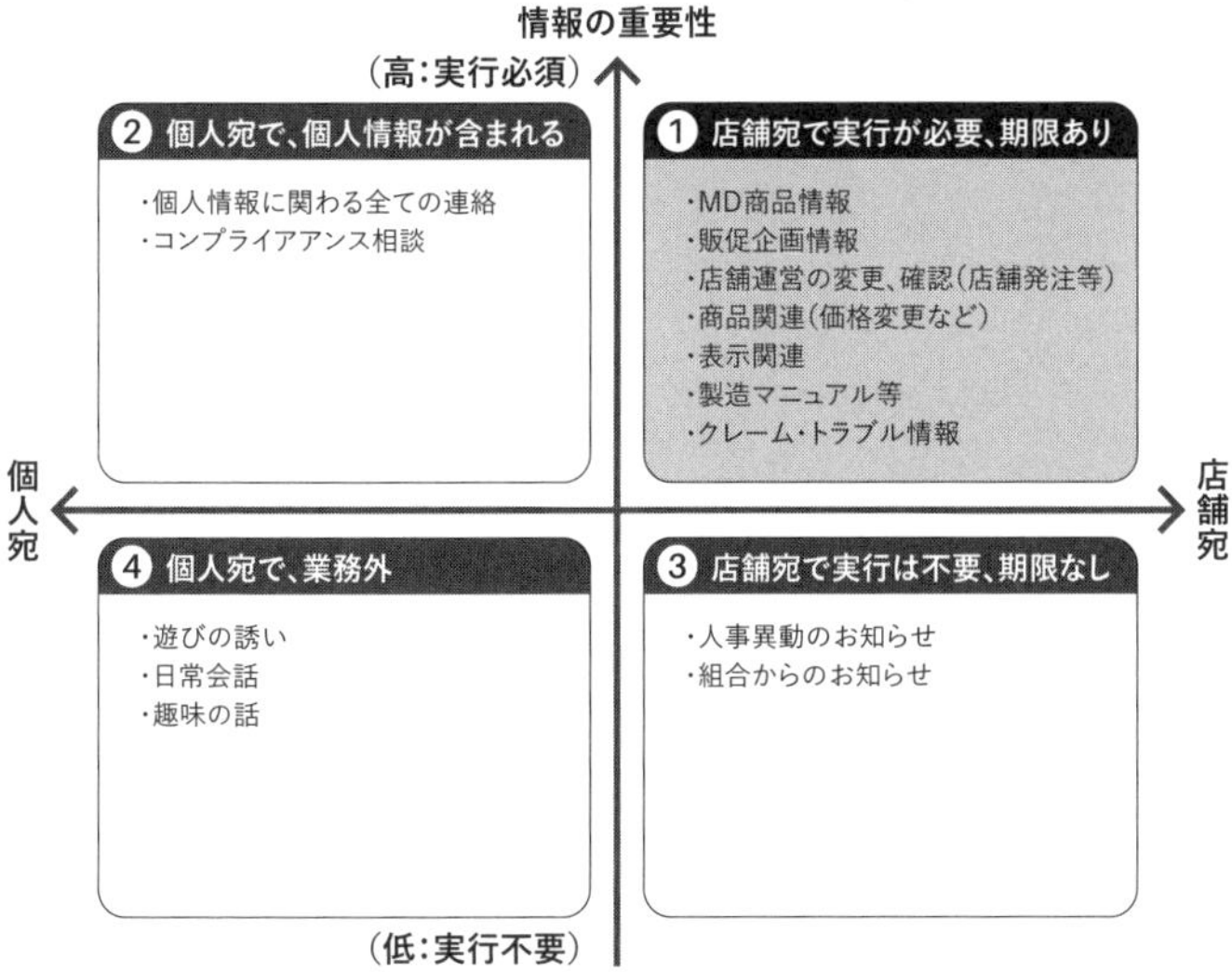

ます。右上に当てはまる業務指示の実行力を高めることが、企業としてもっとも効果が高いことになります。

この4つのエリアに対し、日々、店舗とやり取りされている業務指示や連絡事項、通達を書き込んでいきます。

次に、このマトリクスに、ツールを当てはめていくのですが、ツールにはそれぞれ特徴がありますので、ツールがどんな特徴をもっているか分析する必要があります（表5-3）。

運用ルールの一つ目、業務指示に適したツールを見つけ、業務指示はそのツール1つで行うようにしましょう。

ちなみに、このツールでの業務指示を徹底させるコツとしては、店舗に決められたツール以外で出された業務指示は実行しなくてよいとしておけば、本部もこのルールを守らざるを得なくなります。

**表5-3 本部店舗間の実行力UPに必要な機能と各ツールの評価例**

| 評価項目 | メール | 掲示板 | SNS |
|---|---|---|---|
| 1 多くの店舗に対し業務指示を配信できる | ○ 可能 | ○ 可能 | ○ 可能 |
| 2 業務指示の作成のフォーマットがある | × ない | × ない | × ない |
| 3 業務指示の実行状況が把握できる | △ 把握しづらい<br>各店舗からの返信がバラバラに届くため | × できない | △ 把握しづらい<br>各店舗からの返信がバラバラに届くため |
| 4 業務指示の集計機能がある | × ない | × ない | × ない |
| 5 業務指示の全体が見える化される | △ 可能だが負担大<br>CC機能を利用することで見える化は可能だが運用負担が大きい | ○ 可能<br>アクセス権限で制御できる | × 不可<br>グルーピングで制御するのは現実的でない |
| 6 業務指示の優先順位が付けられる | ○ 可能<br>運用で可能 | ○ 可能<br>運用で可能 | ○ 可能<br>運用で可能 |
| 7 操作が簡単で教育の負担が少ない | ○ 一般的であるため負担は少ない | △ 掲示板がグループウェアについている場合、その他の機能との使い分けで操作が複雑 | ○ 一般化されてきているため負担は少ない |
| **総評**<br>右上（重要な情報の業務指示、店舗宛）に対する適合性 | 運用可能だが、実行状況の確認負担がある | 実行状況が分からないためあまり適さない | 実行状況の確認負担が大きいのと、業務指示の全体把握ができないため、あまり適さない |

## 優先順位は、期限で決める

全体ルールを策定するうえで、業務指示の優先順位を、何をもって定めるか決めておく必要があります。結論からいうと、業務指示の完了期限で決めるのがお薦めです。

よく優先順位を比べるときの指標として、重要度を高・中・低などで表現し運用されている企業が多いように思いますが、これらは業務指示の出し手の判断に委ねられてしまっているため、会社全体で俯瞰して見たとき客観性に欠け、出し手の想いで運用されてしまう危険性があります。また、重要度が高といってもいつまでに実行すればよいのかは、店舗スタッフの判断に委ねていることになり全店舗の共通理解を得ることができません。そもそも業務指示を１００％実行することを前提にしているため、いつまでに実行すればよいか（完了期限）が優先順位に最も適した指標だと思います。

完了期限に絞ってしまえば、急ぎでこなしてほしい業務指示であれば期限を短く設定すればよく、急ぎでないものは十分余裕をもった期限を設定すればよいだけです。

店舗側も、期限が近いものから実行していけば済みますので、非常に明確です。

また、優先順位の指標を複数にしてしまうと店舗スタッフにとって判断が複雑になってしまいます。シンプルでなければ、運用ルールは守られません。「Simple is Best」です。

余談ですが、ある大手のチェーンストア企業でどうしても社長（創業者）の指示は、内容に関わらず最優先にして欲しいと懇願され困ったことがありました。もちろん、この企業の場合、社長が出された業務指示への実行力は１００％ですが、ある意味で創業社長の偉大さが実行力を高めていることは確かで貴重な経験でした。

## 業務指示件数の上限値の決め方と進め方

プロジェクトを立ち上げ、やる気満々のときは、結果を急ぐあまり本部から店舗に出される業務指示の件数に上限を設けたくなります。

これは、多くのチェーンストア企業において、業務指示の件数が多すぎて店舗の実行力を下げていることを経験値で知っているため理解できる点もありますが、早急にことを進めすぎるのも問題です。

上限値を、プロジェクトの目標件数として設定することは非常に重要ですが、プロジェクト開始時から上限を設けて運用を開始してしまうと、業務指示の出し手である本部社員が混乱してしまいます。なかには、上限を気にするあまり、件数のカウントができない電話など、運用ルールで決めたツール以外で指示を出すという暴挙にでる社員もでてきてしまいます。電話での指示は、記録が残らないのと、店舗スタッフの業務時間を拘束してしまうためできるだけ避けるべきです。

理想的な上限値は、店舗が確実に100%実行できる件数になります。

そのため、前項で話したように決められたツールで業務指示を出し、現状の件数（会社全体での業務指示件数）を、まずは正しく把握することです。業務指示の件数を減らすのは、その後にして下さい。

現状の業務指示件数が正しく把握できたら、出されている業務指示件数のうちどのくらいが期限内に実行されていたか把握します。つまり、実行したら「実行しました。」という回答を店舗に出してもらいます。回答が無い店舗は未実行とします。大事な点は期限内に実行したかです。季節変動などを鑑み、最低でも6カ月分のデータを集め、店舗に出された業務指示件数と期限内に実行された割合（以下、実行力）をグラフにします。

図5－3のグラフは、横軸に店舗名、左側の縦軸が実行力、右側の縦軸が業務指示件数になり、業務指示の期限内に実行された実行力の割合、期限を超えて実行された割合、期限を超えて実行されなかった割合と、店舗に出された業務指示件数を示しています。

この様なグラフにすることで、適正な業務指示件数が見えてきます。このグラフの場合、各店舗に40件～50件程度の業務指示が出されていますが、約90％の店舗が実行力100％を達成できていません（期間を超えて実行されなかった店舗の割合）。

日本の店舗スタッフは世界一実行力の高いスタッフですが、実行力100％になっていないということは業務指示件数が多いということになります。もちろん指示の難易度によっても実行力に影響しますが、その分析は適切な業務指示件数を設けてから取り組むほうが生産的なため、今はすべての業務指示の難易度は同じものと仮定しておきます。

再度、グラフをご覧ください。一番実行力が低い店舗（右端の店舗）を見ると、約40％程度は実行できているため、全店１００％実行を目指す場合、16件～20件が適切な件数となります。

ここまで分かれば、本社社員に1店舗に出してよい業務指示件数は20件以下というように上限値を設定することができますが、まだ焦らないでくださ

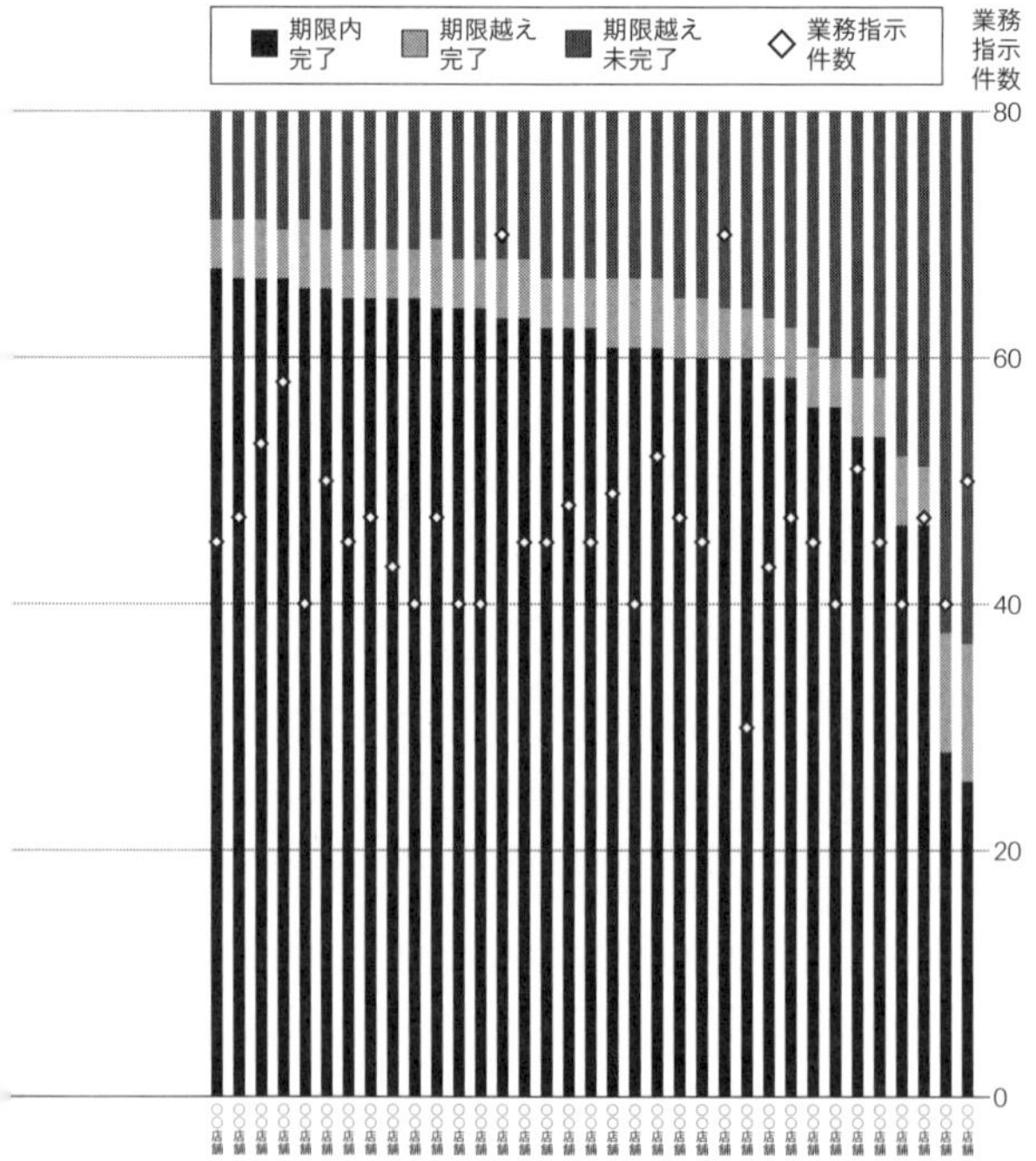

い。

現状40件〜50件出しているものを、いきなり20件にしろと言われても無理がありますので、徐々に業務指示件数を減らしていって下さい。経験上、半年で5％〜10％程度ずつ減らしていくのが適度な割合かと思います。

業務指示件数の上限値は、業務指示の現状を正しく把握することで設定することができ、徐々に上限値に近づくよう無理なく業務指示件数を減らしていきましょう。

図5−3 業務指示件数と実行力の相関

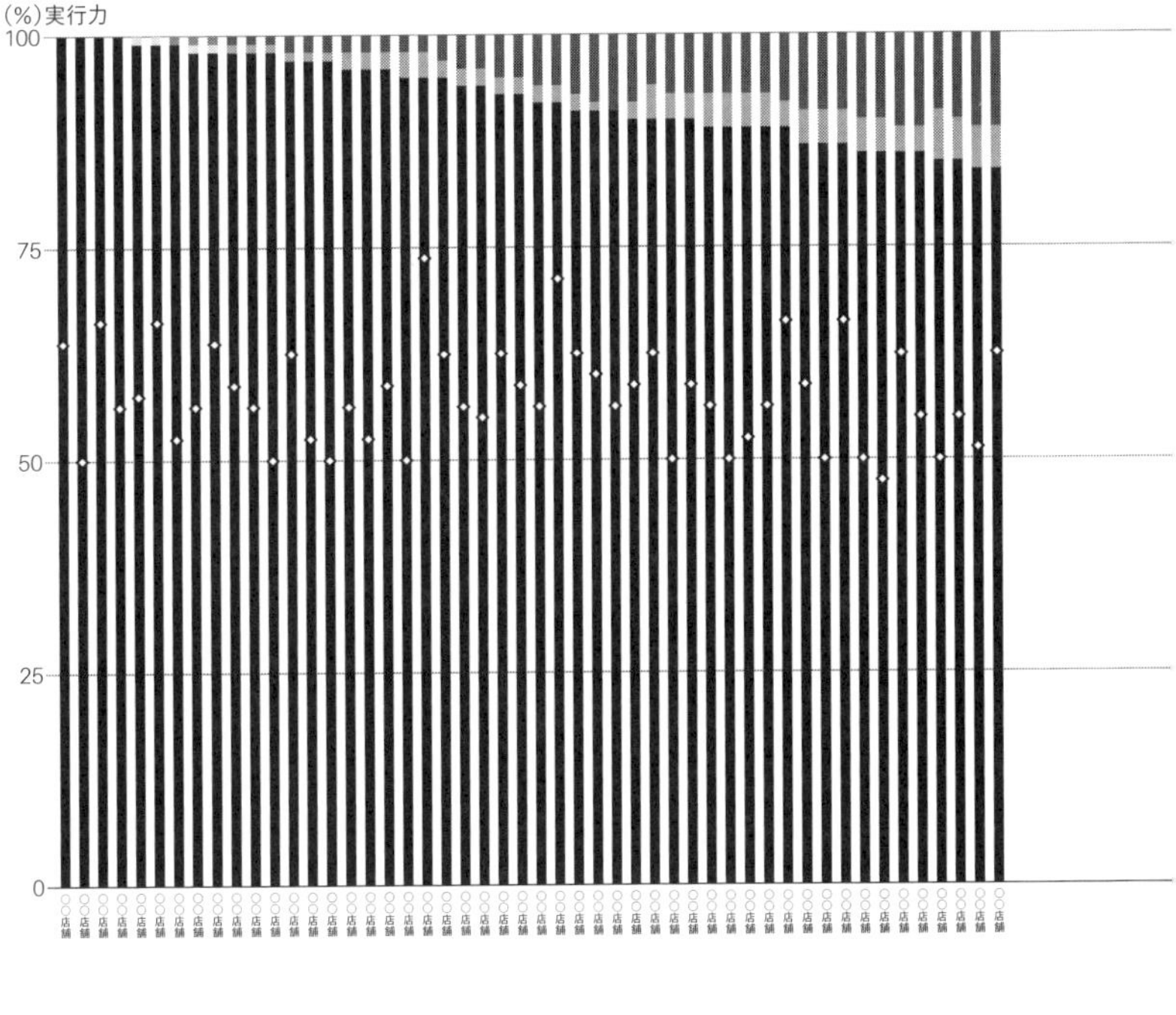

## 「①業務指示全体に関わる運用ルール」のまとめ

- 業務指示を出すシステムを1つに絞り、できれば専用のツールを利用する
- 業務指示の優先順位は、完了期限とする
- 業務指示件数の上限値設定は、焦らずに一歩一歩進める

## ②本部社員が守るべき運用ルール

ここでは、業務指示を出す側である本部社員の方に守って頂きたい運用ルールについて、ご紹介します。実行力100％を実現するため、本部社員の責任は非常に大きなものです。店舗の実行力は、本部の実行力以上にはなりません。本部社員がきっちり運用ルールを守らずして、店舗スタッフの実行力をとやかく言うのはお門違いです。

これからご紹介する運用ルールは、考えてみれば当たり前のことだらけです。しかし、本部社員全員が、この運用ルールを守るということはなかなか大変なことでもあります。プロジェクトチームのメンバーにとっては、ここが、クリアしなければいけない一番の壁でありますので、辛抱強く

啓蒙活動を行ってください。

## 出した業務指示は、必ず結果をチェックする

実行力が低い原因の一つは、本部社員が業務指示を出しっぱなしにしてしまっているということです。実行状況の確認が面倒などツールの問題もありますが、働く者の基本ルールとして、出した業務指示に関しては、出し手がきちんと実行状況を確認する責任があります。上司と部下の関係も同じですが、言いっぱなしでは、部下は実行しません。

色々とチェーンストア企業の方とお話をしていると、驚くようなことを言われる方がいます。店舗数がかなりある小売店本部の方から聞いた話なのですが、定期的に店舗に商品の陳列写真を撮ってもらい指定のファイルサーバにアップして頂いているそうです。しかし、店舗数が多いため本部によるチェックはほとんど行われず、たまにチェックすると前と同じ写真をアップしてくる店舗があるとボヤかれていました。しかし、これは、この本部の方がきちんとチェックされていないことが原因です。これを、一方的に店舗スタッフのモラルが良くないといったところで、なんの改善に

もならないと思います。

店舗スタッフの方が思っている一番の不満は、本部が自分たちのことをきちんと見てくれていないことです。本部から出された業務指示を実行しようが、実行しまいが、全く反応がなければ、徐々に実行されなくなるのは当たり前の現象です。

店舗スタッフが接客などで忙しいなか、本部からの業務指示を実行してくれています。本部もきちんと結果をチェックしてあげましょう。

## 期限を超えたものは、放置しない

業務指示の実行結果をチェックすることと関連しますが、業務指示の期限が切れているにも関わらず放置されているケースも多いように見受けられます。

業務指示のなかには、ある期限を超えてしまえば実行しても意味がないものが多くあります。期限を超えても実行されていない店舗に対しては、すぐに実行してほしいのか、もう実行しなくてよいのか明確にしてあげてください。

実行されず業務指示が、1週間も2週間も放置されているというのは、健全な状況ではありません。

本来、業務指示というものは、実行状況を確認し、業務指示の目的が達成できたのか、できなかったのか、実行してくれた店舗と、実行されなかった店舗でどんな違いがおきたのかをきちんと検証する必要があります。大変ではありますが、是非、業務指示を投げっぱなしにしないようにして下さい。


**対象店舗にのみに出す（催促は、催促が必要な店舗のみに出す）**

業務指示は必要な店舗にだけ出すようにしましょう。よく見かけるのは、回答期限が近付いているときなど、既に回答してくれている店舗に対しても催促メールを出されるケースです。これは、どの店舗が回答しているか、していないかチェックし、メールの宛先を変えるのが面倒なためだと思います。

しかし、既に回答している店舗が、催促メールを受けとった場合、回答を忘れていたのではないか心配になりメールの送信ＢＯＸを確認したり、他のスタッフに確認を取ったりしてしまいます。これは、店舗にとってとても無駄な作業です。

多少気を使い、メールのタイトルに「未回答店舗のみ対象」などと書かれる方もいますが、これは、1台のパソコンを複数人で使用している、シフトの関係で情報が店舗スタッフ同士でも共有しにくいという店舗の特性があるため、あまり効果はありません。

## ルーティンワークと区別する

同じ業務をおこなうにも、業務指示として不定期に実行しなければならないものと、定期的に決まった業務（ルーティンワーク）として実行するものでは、後者のほうが負担は少なくてすみますし、実行力も高まります。

業務指示のなかには、定期的に繰り返し出されるものがあります。この場合、ルーティンワークとして普段の店舗業務に組み込むことが出来ないか検討してみては如何でしょうか。

日本の製造業の生産性が世界でトップなのは、一つに業務の標準化が進んでいるためでもあります。ルーティンワーク化は、この標準化にあたるものだと思いますので、業務指示を定期的に分析し、ルーティンワークに昇格させていくことで店舗の実行力が上がり、生産性向上につながります。

## 「②本部社員が守るべきルール」のまとめ

- 出した業務指示は、必ず責任をもって結果をチェックする
- 期限を超えたが実行されていない業務指示は、放置しないできちんと片づける
- 催促などの連絡は対象店舗にだけ出し、不用意に対象外店舗の負担を強いないようにする
- 業務指示をルーティンワーク化させる

## ③店舗スタッフが守るべき運用ルール

日本の店舗スタッフは、世界一実行力に優れたポテンシャルを持っていると思います。その為、この優れた能力を発揮できるようにするルールが必要になってきます。優秀だから何でも任せるというのではなく、接客など一番成果（店舗業績）に結びつく業務に専念して頂けるような運用ルールにしていきたいと思います。

### 決まった時間に確認を行う

本部から送られてくる業務指示の確認は、決められた時間帯に確認するようにします。例えば、9：30、13：00、15：00、18：00というように予め決めてしまいます。

これにより、バックヤードにあるPCを頻繁にチェックしに行かなくて済むようになるのと、本部側も何時に確認するということが分かっていれば、それに合わせて業務指示を出すようになります。

また、このメリットはシフト制である場合、誰が業務指示を確認するかが、明確になるためとても有効です。

## 決められたシステム（ツール）以外からの業務指示は実行しない

業務指示に対する全体の運用ルールで決めたことを徹底するうえでも、決められたシステム（ツール）以外で出された業務指示は、実行しないと宣言して下さい。

この点を宣言しないと、複数のツールを店舗が確認しないといけなくなります。それだけではなく、ひどいケースになると、本部のミスを隠すためのシワ寄せツールにもなってしまいます。例えば、ある本部の社員が重要な情報を店舗に伝え忘れてしまったとします。決まったツールで流すと自分のミスがみんなに知られてしまいます。しかし、別のツールで出すことができれば、ミスを明るみに出さずに済むと思うのは、誰でも考えてしまう心境ではないでしょうか。しかし、これを放置しておいては、成長がありません。ミスは成長するためのきっかけでもあります。

その際、運用ルールとして決められたツール以外からの業務指示は実行しないと明確になっていれば店舗スタッフも本部社員に意見を言いやすくなります。

## 実行責任者を明確にする

日本の店舗スタッフは実行力が高いといいましたが、やはり複数人で働いている店舗では、誰かが業務指示をやってくれるだろう、あの人は責任感があるから実行してくれるだろうというような心理が働き、業務指示が実行されないといったことが発生します。
野球でいうと、センターとライトがお見合いをしてフライを取り損ねたイメージです。

この様なもったいないエラーを防ぐために、最終的に誰が業務指示の実行に対する責任者であるかを明確にしておく必要があります。
基本的には、店長がなるのが良いと思いますが、シフトの関係で店長が不在のときもありますので、その時は誰が責任者になるのか決めておく必要があります。

責任者を曖昧にしてしまうと、業務指示を実行しなかった犯人捜しが行われるなど、店舗運営にとって良くない状況に発展する可能性も出てきてしまいます。

## 自分たちのためにも、嘘の報告をしない

「実行力１００％プロジェクト」を進めていくと、店舗スタッフのまじめさ、本部からのプレッシャーなどから、実行していないにも関わらず実行したと報告してしまうケースも残念ながら出てきます。

これは、店舗にとっては自分たちの心理的安全性を守りたいがための行動だと思いますが、結局、回りまわって自分たちを苦しめることになります。

たとえ嘘の報告であっても、本部側はその情報をもとに次の施策を練ってきます。例えば、業務指示は週に10件というルールがあったとします。それに対し店舗が実行できていないにも関わらず、実行したという嘘の報告を出した結果、10件以上の業務指示をこなせると本部は判断し、業務指示の件数が増えてしまうという負のスパイラルに陥ってしまう危険性もあります。

店舗は、実行できなかったことなどを隠すのではなく、実行できなかったことを正確に伝えるほうが重要であるということを運用ルールで明確にしておきましょう。

## 指示が不明な場合は、発信者に確認をする

業務指示の内容がよく分からない。指示の内容がおかしいと思ったら、発信者に確認するようにして下さい。

発信者に確認せずに、放置してしまったり、憶測で実行してしまったりしては、業務指示の精度を上げる機会をみすみす逃しているようなものです。

業務指示の内容が分からないということを発信者に伝えることにより、発信者は理解される業務指示の書き方を学習するかもしれません。業務指示の内容がおかしければ、業務指示を店舗に出す前に、内容チェックを強化してくれるかもしれません。その結果、業務指示が分かりやすく、正確なものになってきます。

そうなれば、店舗スタッフの誰が読んでも実行できる業務指示になり、実行力ＵＰの役に立ちま

す。

経験の浅い新人の店舗スタッフでも理解ができるような業務指示を作るには、店舗からのフィードバックが必要です。

## タブレットを使えば、場所を選ばず指示実行が可能

店舗の場合、１台のＰＣを複数人で共有利用していますが、この状況も実行力をあげるには何とか改善したい点です。

実際は共有利用しているといっても、特定の人しか利用していないことが多いようです。その為、その人が不在のときなどは、業務指示が伝わらない状態になってしまいます。

そこで、ＰＣとは別にタブレットを用意されることをお薦めします。

タブレットであれば、スマートフォンと同じ操作感で使用でき、操作教育の負担も少なくて済みますし、なんといっても店内で持ち運びができる点がメリットです。

写真報告なども店舗では多いと思いますが、タブレットを使用すれば、いったんＰＣに取り込む

などの負担も減ります。

ちなみに、スマートフォンの場合、操作をしていると、お客様にさぼっていると思われる可能性が高いため、タブレットのほうがやはりお薦めです。

運用ルールとはちょっと違うものかもしれませんが、実行力を上げるための環境としてタブレットの導入を検討してみては如何でしょうか。

## 「③店舗スタッフが守るべきルール」のまとめ

- 業務指示は決まった時間に確認するようにする
- 決められたツール以外で出された業務指示は実行しないこととする
- 店舗での実行責任者を明確にする
- 自分たちのためにも、嘘の報告は行わないようにする
- 指示が不明な場合は、発信者に確認をするようにする
- PC＋タブレットでシステム環境を整える

## ④業務指示の書き方に関するルールを策定する

業務指示に関する分析データを見る限り、業務指示の書き方に多くの課題があることが分かりました。その原因は、業務指示の書き方が、社員一人一人の力量に依存してしまっているためではないでしょうか。当然ですが業務指示の書き方がうまい人もいれば、そうでない人もいます。

では、実際どの様にして効果的な業務指示を書けるようにしていくかです。業務指示を書く人、一人一人の文章力を高めるという手もありますが、それでは個人差はなかなか埋まらないのと、教育などのコストもかかってしまいます。

そこで、お薦めなのは業務指示の書き方に関するルールを作ることです。

ルールを作ることで、業務指示をどう書けばよいかが明確になります。何がダメな業務指示なのかも判断できるようになります。ルールを作ることで、少なくとも業務指示の書き方の底上げをおこない、文章レベルをあわせることが出来るようになります。

下記に、業務指示の書き方に関するルールの例をご紹介いたしますので、自社の状況にあわせ、アレンジしてみて下さい。

## 決まったテンプレート（フォーマット）で書く

業務指示の書き方を底上げするには、決まったテンプレート（フォーマット）を利用するのが効果的です。決まったテンプレートにすることで、期日、回答形式、報告手順などの重要事項の抜け漏れを防ぐことが出来ます。店舗スタッフにとっても、毎回違うテンプレートで届く業務指示と、決まったテンプレートで届く業務指示とでは、後者のほうが理解しやすく、効率的だと思います。

## 5W1Hチェックで小学生でもわかる文章を心がける

業務指示は、店舗スタッフが正しく実行してくれることに意

表5−4　**5W1Hによるチェック**

| | |
|---|---|
| Who（だれが） | どの店舗？　店長、それともスタッフ？ |
| When（いつ） | 開始は？　期日は？ |
| Where（どこで） | どこでするのか？ |
| What（なにを） | 何を実行するのか？ |
| Why（なぜ） | なぜこの仕事をするのか？ |
| How（どのように） | どのような作業手順・回答形式・報告手順で行うのか？ |

味があります。業務指示での良い文章というのは小説のような表現が豊かな文章ではなく、正しく伝わる文章であるということです。

正しく伝わる文章とは、実行するために必要な情報が書かれてあるということでもあります。この必要な情報が書かれているか確認するときに、表5－4の5W1Hでチェックしてみると効果的です。

あるお客様では、常々、社長から店舗に出す業務指示は、小学生でもわかるように心掛けろと言われていると聞いたことがあります。この社長は、業務指示の文章の重要性について良く理解されていたのではないでしょうか。

## 依頼事項を分けて記入する

一つの業務指示のなかに依頼事項（通達するべきこと、実行してもらうこと）が複数ある場合、依頼事項ごとに番号を付けるなどして、店舗スタッフに依頼事項がいくつあるか分かるようにすることも効果的です（表5－5）。

## 装飾文字の活用について

業務指示を、WordやPowerPointで作成されている場合、文字を大きくしたり、色を付けたり、下線を引いたりなど、文字装飾を施されていることがあります。

これも正しく文字装飾すれば、実行力向上の役には立ちますが、誤った文字装飾をすると、かえって読みづらい業務指示になってしまいます。

また、店舗スタッフにしてみると色々な人から業務指示を受けていますので、文字装飾されている業務指示や、文字装飾されていない業務指示が入り混じってきます。そこで、文字装飾されているものが重要な業務指示という誤った判断をしてしま

表5－5 **業務指示例**

| | |
|---|---|
| タイトル | ○○キャンペーンの準備依頼 |
| 依頼事項① | 店舗の入り口に、○○キャンペーン用の“のぼり”を立てて下さい。<br>のぼりを立てて終わりましたら、証拠を写真に撮り返信して下さい。 |
| 依頼事項② | レジの上に、○○キャンペーン用のアンケート用紙を置いて配布して下さい。<br>アンケート用紙を設置しましたら、証拠を写真に撮り返信して下さい。 |
| 依頼事項③ | 先週配布した○○キャンペーン用チラシの在庫枚数を教えて下さい。 |

う危険性もあります。

業務指示を書く場合も、文字装飾をするほど時間をかける必要があるのか、一度検討が必要です。もし、文字装飾を行う場合は、どういう文面に文字装飾を施すかなどのルールを決め、会社全体で統一された運用をされることをお薦めします。

## 第三者のチェック

業務指示のルールを作成しても守られなければ意味がありません。その為にも、業務指示を店舗に配信するまえに、第三者のチェックを入れるのはとても効果的です。

たとえルール通り業務指示を作成していたとしても、書き手にとっては、曖昧な表現、日付、商品名の間違いなど、気づきづらいものです。

しかし、第三者チェックは多くの企業で行われているものの、形骸化しているケースが多いように見受けられます。形骸化してしまう根本的な要因は、チェックする人にとって却下をするときの心理面にあると思っています。特に上長が書いた業務指示を却下するとなると、それなりの勇気が必要になるものです。

第三者チェックを形骸化させないためには、前述のルールが役に立ちます。このルールに合わないので、やり直してくださいという方が、ルールが無いなかで不備を指摘するより心理的にハードルが低いものと思います。

勿論、業務指示の書き方に関するルールを社内で周知しておくことは大前提になります。

## 「④業務指示の書き方に関するルール」のまとめ

- 決まったテンプレート（フォーマット）で書く
- 重要事項が抜けないよう5W1Hで誰にでも分かりやすい文章を書く
- 実行して欲しいことは、依頼事項ごとに分けて書く
- 第三者のチェックを利用しルールを徹底させる

## 4　運用ルールを根付かせる方法

### 説明会を開催しよう！

運用ルールを策定したら、実際に守って頂くために本部社員や店舗スタッフに対し説明し周知する必要があります。

コロナウイルスの感染拡大前であれば、スタッフの方々に集まって頂き説明会を開けましたが、今では、なかなか集まることも出来ませんので、Ｗｅｂ会議システムでの説明会や、説明会を動画撮影して周知するなどの工夫も必要かと思います。

説明会を行うことで、本部社員、店舗スタッフには、「実行力１００％プロジェクト」を前向きに捉え、運用ルールを守って頂くようにしなければなりません。

その為のポイントとしては、「実行力１００％プロジェクト」の目的や背景については、会社のトップ、又は最も影響力のある部署の長に、お話し頂くことです。それにより、この「実行力100%プロジェクト」は、本気で取り組まなければいけないという印象を与えることができます。

参考として、表5－6にアジェンダを記載しておきました。本部社員向けの説明会も、店舗スタッフ向けの説明会も基本的には同じアジェンダで良いと思います。

運用ルールの説明は、本部社員には「業務指示全体に関わる運用ルール」と「本部社員が守るべき運用ルール」だけでなく、「店舗スタッフが守るべき運用ルール」も説明するようにしましょう。また、店舗スタッフには、「業務指示全体に関わる運用ルール」と「店舗ス

表5－6 「実行力100%プロジェクト」のアジェンダ

| | |
|---|---|
| 1.目的 | 本「実行力100%プロジェクト」の目的<br>（実行力を上げて業務の生産性をあげるなど）を説明 |
| 2.背景 | なぜ、このプロジェクトをスタートさせたのか、<br>現在の課題などについて説明 |
| 3.運用ルールの説明 | 前章で決めた運用ルールの説明<br>※本部社員向けにも店舗スタッフの運用ルールを、<br>店舗スタッフにも本部社員の運用ルールを説明するようにしましょう。 |
| 4.ツールの操作方法 | 業務指示で使用するツールの操作方法や注意点の説明<br>※ハンズオン形式にすることで効果的になります。 |
| 5.目標 | 直近の目標についての説明<br>※いつからスタートし、いつまでに目標を達成するという説明を<br>行ってください。 |

タッフが守るべき運用ルール」だけでなく、「本部社員が守るべき運用ルール」も説明するようにしましょう。
本部社員も店舗スタッフが守る運用ルールを知り、店舗スタッフも本部社員が守る運用ルールを知ることで、信頼感と緊張感が生まれます。

ツールの操作方法についての説明は、ツールを作られているメーカーに依頼するというのも良いかと思います。ツールメーカーでは、操作説明を多く行っていますので、ポイントを簡潔に説明してくれます。

目標についての説明では、いつからこの運用をスタートさせるのか、いつまでに目標達成を狙うのかという点を説明してください。説明会日とスタート日が空いている場合は、特にスタート日をお伝えすることを忘れないようにしましょう。
スタート日を伝えていないと、なんだ、誰も守っていないじゃないかという誤解を招く危険性があります。何事もスタートが肝心です。

説明会の質疑応答については、最後に行っても良いですし、セッション毎に行っても構いません。説明会の時間をきっちり守りたい場合は、最後に質疑応答を持ってきたほうが、時間調整できて良いと思います。

## 店舗スタッフより大事な本部社員教育

直観的に実行力を高めるには、本部社員以上に、店舗スタッフの方に、しっかりと教育しなければならないと思われる担当者が多いのですが、我々の経験からすると、店舗スタッフよりも業務指示を出す側である本部社員への教育のほうが重要です。

本部スタッフが運用ルールを守って初めて、店舗スタッフも運用ルールを守れるようになります。いや、「守れます」というのが正しいです。

何度も言ってきましたが、日本の店舗スタッフは、世界一実行力が高いポテンシャルを持っていると思います。それだけ優秀なスタッフが多いのです。

優秀なスタッフがいるにも関わらず実行力が低いのは、多くの場合、本部側に原因があるからです。私たちが学んだ法則のひとつは、「結局のところ、店舗の実行力は本部の実行力以上にはならない」ということです。

その為、本部社員への説明会が実行力UPにはとても重要になってきます。

本部社員、店舗スタッフへ周知する際、運用ルールの説明だけでなく、なぜこのプロジェクトを発足したのか、本部社員、店舗スタッフの方々にはどの様なメリットがあるのか、という点も押さえておくと良いと思います。

## 【失敗談】店舗よりマネージャーより本部

全国に300店舗を有する大手のチェーンストア企業は、我々が実行力UPの支援で関わらせて頂きましたが、1年経過しても一向に実行力がUPせず頭を悩ませてきました。

そんなあるとき、店舗のスタッフと、その店舗を担当しているマネージャーと会話したところ、本部から配信されてくる業務指示は、量も非常に多く、内容も分かりづらいので、一旦マネージャーが預かり、咀嚼して店舗に出しているということが分かりました。本部とマネージャーとの間にも、なかなか超えられない壁があるようで、このマネージャーの取り組みは、明らかにマネージャー配下での個別最適化になっていました。

しかも、マネージャーごとの判断で個別最適化を行っていたため、全体で見るとバラバラな業務指示になってしまい、実行力も上がらないという状況です。

つまり、本部からの無責任な業務指示が、マネージャーと店舗を混乱させてしまっていたということです。この件からも改善すべき第一歩は、本部ということが明らかです。

この原因が明らかになり、本部の業務指示の出し方を重点的に改善することで実行力も上向いてきました。

## 実行力の見える化で進捗チェック（やる気の継続）

説明会後の高揚感を持続させるためにも、「実行力の見える化」は、大きな武器になります。

説明会を終えたら、あとは何もしないという企業がよくありますが、これでは、運用ルールを定着させることはできません。説明会は、あくまでもスタートであり、その後のフォローが必要です。

運用ルールを定着させるには、「実行力100％プロジェクト」の目的である実行力100％に対し、いまどのくらいの実行力があるのかを「見える化」し意識させることがポイントです。

実行力をグラフ化し、ステークホルダーの目に留まるところに張り出したり、社内イントラでどこからでも確認できたりすると良いでしょう。

「実行力の見える化」では、全体（全店舗の平均）の実行力の毎月の推移、1店舗における実行力の毎月の推移、月別の店舗別実行力が把握できると、実行力の改善状況がわかり、関係者のモチベーションアップにもつながります。実行力が高い店舗に対しては、週例や月例などの会議で発表し、称賛するなども良いと思います。

私たちのお客様には、店舗の毎月の実行力を、店舗の評価指標として取り組まれている企業様もおられます。このアイデアは実行力UPにとても効果を発揮しており、この企業様は実行力100%を続けられ大きな成果を上げています。

## 経営トップの関わり

プロジェクトチームの立上げに関する項でも書きましたが、会社のトップの方には、実行力に興味を持っているというメッセージを常に発信して頂きたいと思います。

ほんのちょっとしたことで構いません。経営会議の場、店舗を訪れたとき、「実行力はどう?」と一言聞いてくれればよいだけです。

この声掛けを、継続して行って頂ければ、とても実行力の強い企業になると思います。

プロジェクトチームのメンバーは、経営トップの方の発言の力を、どんどん利用して下さい。

## 5　プロジェクトの定期的なチェック

実行力100％を目指し、運用ルールを策定し、ステークホルダーへの説明会（教育）を行い、運用を開始しました。そして、ある期間が過ぎましたら「実行力100％プロジェクト」が計画通りに進められているか定期チェックを行います。

定期チェックの目的は、「改善」と「仕組みの維持」にあります。もし、定期チェックの結果、進捗が思わしくない、新たな問題が発生しているということが分かりましたら、改善を行わなければなりません。うまく行っている場合は、この状態を維持しなければなりません。その為には、定期チェックを必ず行ってください。

プロジェクトのスケジュールを計画する際に、運用開始後の定期チェックも計画されることをお薦めします。

では、具体的なチェック方法についてご説明していきます。

## プロジェクトの定期チェック方法

「実行力100％プロジェクト」の目標は、あくまでも実行力100％です。

しかし、これまでに作成してきた運用ルールを守れば、実行力100％が達成できるのかというと、そう甘くもありませんし、焦ってもいけません。

運用ルールは、あくまでも実行力100％を達成するための土台であり、この運用ルールを守り、課題を浮き彫りにし、改善を繰り返すことで実行力100％が達成されます。

実際、新しい運用ルールをスタートさせますが、なかなかうまく行かない。実行力も上がらないということが発生すると思います。その時は、表5－7のステップで現状を見直してみてください。

決して、このステップを飛ばさないでください。

まずは、Step1の運用ルールが守られていることが大前提になります。

それが無いと、誤った解決策を講じ、結果も出ず、プロジェクト自体の存続も危ぶまれてしまいます。

Step2は、業務指示の件数と各店舗の実行力を比べることで確認することができます。詳しくは、〈業務指示件数の上限値の決め方と進め方〉（163ページ）をご覧ください。

Step3は、業務指示の内容、書き方に問題がないかです。具体的には、依頼の内容が分かりやすく簡潔に書かれているか、誤字脱字などないか、期限は適切に設定されているかなどになります。詳細については、次項にてご説明いたします。

表5−7 **実行力100%に向けた確認ステップ**

| | |
|---|---|
| Step1 | 本当に運用ルールが守られているか? |
| Step2 | 業務指示の件数は適切か? |
| Step3 | 業務指示の内容、書き方は適切か?<br>・指示の文面はわかりやすいか?<br>・期限は短すぎないか? |
| Step4 | 店舗スタッフの力量に問題はないか? |

以上のStep3がクリアされて、最後に疑うべきは店舗スタッフの力量になります。これらのステップを飛ばして、いきなり店舗スタッフの力量を疑っても何の解決策にもなりません。

このステップは、全体から個へという流れでチェックするかたちになっています。この流れでチェックを進めていくと各Stepで問題が見つかってくると思います。

その場合は、チェックする順番と同じ順番で、解決していって下さい。例えばStep1のチェックで、本部社員は店舗からの回答に対しきちんと確認を行ってはいるが、とても負担が大きいという課題があることが分かりました。また、Step3のチェックでは、業務指示の実行期限が短すぎるという問題が見つかったとします。

この場合、まず問題を解決するのは、Step1で見つかった、回答に対する本部確認の負担を軽減することです。

なぜ、Step1の問題から解決していくのかというと、解決方法が比較的容易であるのと、効果が大きい傾向にあるためです。

## 業務指示数を減らすための対策

業務指示の件数を減らすために、多くの企業で取られている方法が、業務指示を出す前に上長など第三者の承認を絡め、業務指示の発信にハードルを設けるというものです。

業務指示の発信前に承認を設けることは、業務指示件数を減らす効果と、業務指示の質向上に効果があります。業務指示の質向上とは、誤字脱字、分かりにくい表現、現実的でない期限設定などが精査されるということです。

しかし、最初はうまく機能していた承認機能も、時間が経つにつれ形骸化してしまっている企業も多いように伺えます。

その原因は、業務指示の承認、又は却下する際の判断基準が設けられていなく、承認者が代わると、その承認者の判断で承認や却下が行われてしまうためです。

もし、業務指示を発信する前に承認者を置きたい場合は、承認、又は却下の判断基準を明確にしておきましょう。

〈業務指示発信の判断基準例〉
・今、この業務指示を出す必要があるのか？
・期限を変えることができないか？
・誤字脱字が無いか？
・必要な情報が書かれているか？
・適切な宛先設定がされているか？
・誤解のない表現で書かれているか？

次に、承認者には、それなりの権限があることを、社内に周知しておく必要があります。承認者も人であり、好き好んで却下したりする人はいません。特に、先輩が作成した業務指示に対しては、心理的に却下しづらいものです。この心理的負担を軽減する意味でも、承認者の役割、権限を明確にし、社内に周知しておくことが必要です。

## 【失敗談】立上げが全て

立上げ（＝説明会）の目的は、プロジェクトへの参加をお願いし、普段の仕事の仕方を変えて頂くという約束をして頂くことにあります。

その為、立上げは非常に難易度が高く重要なプロセスになるため、失敗も多くあります。

私たちが経験した失敗としては、

・説明会にキーマンが集まらなかった
・説明会から本番スタートまでに時間が空きすぎてしまい、熱が冷めてしまった
・そもそも説明会を開けなかった
・プロジェクトの目的が正確に伝わらず、プロジェクトに賛同頂けなかった

など、色々ありました。

そして、この様な失敗を何回も経験してきて学んだことは、プロジェクトの立上げに失敗すると、なかなか軌道修正ができないということです。

これらの失敗の原因のほとんどは、準備不足にありますが、立上げに失敗したときのマ

イナスを考えれば、立上げの準備にいくらかけても損は無いと思います。

## 6　社内MVPを取ろう

実行力を高めるための対策として、プロジェクトの立上げ方、現状分析、実行力を高めるための具体的な仕組みづくり、定期的なチェック方法、そして、業務指示の書き方に関するルール作りについてご紹介してきました。これらは、いわゆるノウハウの部分になりますが、ノウハウを知っているだけでは、プロジェクトを成功させるには不十分です。

ノウハウにプラスして、プロジェクトメンバーの熱意が加わり、はじめて成功に導くことができると思います。

万が一、立上げのプロセスが失敗したとしても、熱意があればいくらでも挽回は出来ます。熱意の源は、「実行力100%プロジェクト」が持つ、大きな使命です。

「実行力100%プロジェクト」は、会社にとってとても大きな変革のスタートであり、企業文化作りであります。

プロジェクトの成功は、会社の土台がしっかりしてきたということになります。家を建てるときと同様、まずはしっかりした土台が必要ですが、その土台を築くプロジェクトであり、とても意義のある仕事ではないでしょうか。

その対価ではありませんが、既に「実行力100%プロジェクト」を実施された担当者は、社内で高い評価を受けています。私たちが関わったお客様では、1年間にもっとも貢献した人に与えられる社内MVPを受賞された担当者が何人もいます。

社内MVPの様な表彰制度が、もしあるようでしたら是非、受賞を目指して「実行力100%プロジェクト」に取り組んでみて下さい。

そして、受賞できた暁には、是非、お知らせください。その報告は、私たちにとっても飛び上がるほど嬉しい喜びであります。

おわりに

# 実行力100%の文化を作ろう

実行力を強みとする企業は、本当に強い企業だと思います。

今回、本書に書かせて頂いたのは本部‐店舗間における業務指示の実行力という狭い分野のものですが、これをきっかけに社内のありとあらゆる部分に実行力をつけていって頂ければ嬉しく思います。

昨今まで、実行よりも戦略のほうがもて囃される風潮がありました。仕事の実績とは関係なく、MBA（経営学修士）が注目を浴びていたのもその一つだと思います。しかし、その潮目も新型コロナウイルスにより完全に変わったと思います。

新型コロナウイルスの一番大きなインパクトは、世の中の流れを早めてしまったことだと思います。リモートワーク、時差通勤など、昔から検討はされていたが実現されてこなかったことが、あっという間に一般化してしまいました。

新型コロナウイルスの影響で倒産した企業の多くは、前々から経営に問題があった企業と言えるかもしれません。そういう企業が、予定よりも早く倒産せざるを得ない状況になってしまったのです。

また、新型コロナウイルスは我々の環境も大きく変えてしまいました。2020年1月の訪日外国人は、266万1022人いましたが、4月には2917人、5月には1663人と壊滅状態になってしまいました。これでは、インバウンド需要でのビジネスはひとたまりもありません。

この変化は、単なる一過性のものでしょうか？　確かにコロナウイルス感染は、ワクチンの普及で収束に向かえば一過性のものと言えますが、すでに世の中は大きく変わってしまいました。その為、元に戻るというよりかは、コロナウイルスによる変化を受け入れ新たな世の中になってしまったと考えるのが自然な考えではないかと思います。そして、今回のコロナウイルスの影響で完全に激動期に入ったと思います。

この激動期を生き抜くには、新しいアイデアをスピーディに実行し、新しい環境に適合していくことが求められるのではないかと思います。だからこそ、今、企業の実行力が問われているように思います。

戦略は二流でも、実行力一流であれば、必ず生き残っていけると思います。

今回、実行力を高める仕組み作りについて記して参りましたが、少しでも読者が勤められている企業の実行力ＵＰにお役立て頂けるきっかけになりましたら幸いです。

そして、１社でも多くの企業が実行力の重要性に気づき、実行力１００％を企業文化にまで昇華されることを期待しつつ、今後も我々のミッションとして取り組んでいきたいと思います。

［著者］

**野村剛志**（のむら・つよし）

株式会社リンコム代表取締役社長

1973年、千葉県生まれ。東京電機大学応用理化学科卒業。1999年、リンコムにアルバイトとして入社。Webメール「Emual」の企画、販売を担当したが、思うように結果がでず撤退。その後、Webグループウェア「リンコムネクスト」の企画、販売を主に担当し、SI企業とのパートナーコミュニティを通じた独自のビジネスモデルを構築。2013年、「店番長」事業を立上げ、リンコムの主力サービスに育て上げる。2019年、代表取締役社長に就任。

株式会社リンコム https://www.linkcom.com

**実行力100%**

——チェーンストアの業績を上げる業務指示のすごい手法

2021年3月16日　第1刷発行

著　者——野村剛志

発行所——ダイヤモンド社

〒150-8409　東京都渋谷区神宮前6-12-17

https://www.diamond.co.jp/

電話／03･5778･7235（編集）　03･5778･7240（販売）

ブックデザイン— 青木 汀（ダイヤモンド・グラフィック社）

製作進行——ダイヤモンド・グラフィック社

印刷／製本—勇進印刷

編集担当——中鉢比呂也



ISBN 978-4-478-11314-1